Have Your Purpose in Life

—

言志四録
心を磨く言葉
エッセンシャル版

—

佐藤一斎
佐藤けんいち　編訳

購入特典

「V 欲望に振り回されるな」の未収録原稿
「欲望のコントロール法」をお届けします
(PDF)。
下の二次元バーコードからダウンロードしてください。

特典ページURL

https://d21.co.jp/special/genshishiroku/

ログインID

discover2999

ログインパスワード

genshi

はじめに　佐藤一斎と『言志四録』について

佐藤一斎は、江戸時代後期から幕末にいたる、激動の19世紀前半の日本を生きた武士にして儒者であり、最終的には幕府の教学政策の責任者となった人物だ。

そしてその主著である『言志録（げんしろく）』は、彼が就寝前につけていた「瞑想記録ノート」を整理して出版したものであり、内容的には19世紀前半の日本が生んだ『自省録』といってもいい。

その後、この本は書き継がれてシリーズ化され、一般には4冊あわせて『言志四録（げんししろく）』とよばれることになる。リーダーのための修養書、あるいは人生指南書として、２００年にわたって読み継がれてきた。

彼はまた、儒学の研究者として江戸時代の日本儒学の最後を締めくくる人物であり、文字通り３０００人超といわれる弟子たちをつうじて、近代日本の知的基盤をつくりあげた教育者でもあった。

残念ながら、日本以外で取り上げられることはあまりない。『言志四録』の原文は漢文だが、韓国語訳をのぞいて外国語訳はない。その意味では、きわめて日本ローカルな存在だ。とはいえ、日本人にとっての存在は、きわめて大きなものがある。「近代」が終わって次の時代への長い移行期にある現在、おなじく前近代から近代への移行期に生きた彼の言葉に学ぶべきものは多い。こういった観点から、あらためて読んでみることが必要ではないだろうか。

幕末期を生きた武士で儒者

佐藤一斎の「一斎」は、儒者としての「号」である。名は担(たん)、通称は捨蔵(すてぞう)。なぜそんな名前を名乗っていたのか、重要事項なのでのちほど取り上げたい。

安永元年（1772年）に、3万石の小藩であった美濃国(みののくに)岩村藩の江戸詰(づめ)家老の末子として、江戸に生まれ江戸で育った武士であった。岩村藩は、比較的早い時期から藩校をもち学問を重視していた。幕末の安政6年（1859年）に数えの88歳で亡くなるまで、一斎はその長い生涯のほとんどを百万都市の江戸で過ごした生粋の都会人である。2022年は生誕250年にあたる。

愛妻の死や、才気ある愛娘を疱瘡（＝天然痘）のため8歳で亡くした喪失感、再婚した妻とのあいだに生まれた息子の出奔など、私生活ではさまざまな不運や不幸に見舞われたものの、学者として教育者としては、とくに劇的な人生を送った人ではない。

とはいえ、時代は激動期を迎えていた。北方では南下するロシアの圧力、日本近海では英米の捕鯨船のひんぱんな出没、西方では清朝の中国が「アヘン戦争」で英国に敗北するなど、対外的な危機がじわじわと迫ってきていた。

国内でも浅間山の大噴火、天明の飢饉と米不足、それによって激化した打ちこわし、たびかさなる洪水被害や安政江戸大地震をはじめとする大規模な自然災害、さらには天保の飢饉や、全国レベルの疱瘡やコレラなど感染症の大流行などがあった。18世紀末の松平定信による「寛政の改革」は、幕府の崩壊を30年遅らせたと評されている。だがその後も、貧民救済を掲げて蜂起した「大塩平八郎の乱」や、国策捜査ともいうべき「蛮社の獄」などが発生している。水野忠邦による「天保の改革」は失敗に終わり、政治経済体制には大きな問題を抱えていた。

さまざまなシステムが劣化し、機能不全に陥りつつあることは、誰もが肌感覚で理解していた。しかしながら、決定的な破局を迎えることなく、ズルズルと落ちてゆく状態。21世紀前半の現在の日本と似ているというべきかもしれない。

そんな激動の時代に、つねに平静な心を保つためにはどうしたらいいか。なにごとにも動じない心をどうやったらもてるのか。そもそも心とはいったいなにか。そんな問いが、19世紀前半に生きた一斎の探究心の根底にあった。

青春時代の大きな挫折体験

儒者として大成した一斎だが、武士として「一足・二水・三胆・四芸」という基本的なたしなみを身につけていたことは言うまでもない。足は健脚、水は水練、胆は胆力、芸は武芸全般のことである。儒学を学んで書道の腕前も高く、弓馬の道である小笠原流の礼法も身につけ、荒馬を乗りこなすのを好んでいたという。文武両道ではあるが、かなりワイルドな若者であったようだ。

10代後半には私塾で拳法を習っており、夜ごと悪友と酒を飲んでは、腕力にまかせて道行く酔っ払いを殴り倒すなどしていたらしい。さすがにこれはよくないとみずから反省し、学問に専念して天下第一の事をなすと決意したという。

ところが、大きな挫折が19歳のときにやってきた。隅田川での舟遊びの最中、乗っていた小舟が中型船に衝突されて転覆し、同乗していた友人を溺死させてしまったのだ。その友人とは女性であったらしい。その当時は、漁師や船乗りをのぞくと武士しか泳げなかった。

すでに藩主の近侍（きんじ）として出仕していたが、みずから願い出て岩村藩の士籍を離脱している。現代風にいえば「依願退職」ということになろう。そんな形でけじめをつけて責任をとるしか、ほかに方法がなかったのだ。

これからが人生だという時期に、20歳で処士（しょし）となってしまったのである。つまり主君をもたない浪人だ。みずから招いた過ちによって、出世の道を断たれてしまった。道をはずれ、方向性を見失ってしまったのだ。

大きな挫折を体験すると、そのまま心が折れてしまうことも少なくない。だが、一斎にとっては、この大きな挫折体験こそ、ようやく自分が進むべき道を見いだし、踏み出す原動力となったのである。儒学を極めるという志を立て、親や友人、先生その他まわりで支えてくれる人たちのおかげで、幸いなことに人生を再起動させることができた。この20歳前後までの経験が、その後の人生を決定したのである。

そして、それまで幾久蔵（きくぞう）と名乗っていた通称を捨蔵（すてぞう）に改めている。過去の自分は捨てたという意味だろう。生涯にわたって捨蔵と名乗りつづけたのは、自責の念を忘れないこと、立てた志を最後まで貫く覚悟をつねに確認するためだったのかもしれない。

一斎の基本的思想ともいうべき克己、すなわちセルフコントロールのマインドセットは、挫折からの再起の体験をつうじて培われたのである。目に見えない運命を自覚し、『易経』に深い関心をもつようになったのも、この体験がきっかけだったのであろう。

朱子学は「自己啓発」の哲学である

19世紀前半には武士とそれ以外の知識階層の「教養」となっていた儒学は、漢文と漢詩、そしてその倫理学をつうじて、近代日本をつくりあげる知的基盤となった。その中心にあったのが朱子学である。

現在の日本では『論語』を例外として、朱子学はおろか儒学が前面にでてくることはない。だが、『言志四録』に表現された佐藤一斎の思想を考えるためには、朱子学について最低限の知識をもっておいたほうがよい。一斎は、朱子学をベースとしながら、心とはなにかという問いを深めるため、朱子学に対してはアンチテーゼ的な位置づけの陽明学に傾斜していた。

朱子学は、18世紀末の「寛政の改革」によって、はじめて正式に幕府の官学となった。複雑化する問題に対応するための、幕臣の人材育成がその主目的であり、朱子学はその目的に最適だったわけだ。この時期から全国レベルで藩校設立ブームがおこったことで、朱子学は実質的に江戸時代後期の儒学のスタンダードとなった。

朱子学の弊害について語られることも多い。だが、本家本元の中国や、それ以上に弊害の大きかった朝鮮半島とは違って、日本にかんしてはメリットに注目したほうがいいだろう。試験地獄を招く「科挙」の制度を導入しなかった日本では、朱子学の学習においては、あくまでも内発的動機が重視されていた。

朱子学は、官僚で哲学者であった朱子が体系化した儒学思想である。13世紀の南宋時代の中国を生きた朱子は、『神学大全』のトマス・アクィナスの同時代人だ。朱子学が「新儒学」とよばれることもあるのは、孔子や孟子の時代の儒学とは異なり、すべてを「理」と「気」で説明する、あらたに再編された哲学体系であるからだ。

朱子学においては、いわゆる「四書五経」という形で、儒学の経典が整理されることになった。「四書」とは、『論語』『大学』『中庸』『孟子』のことである。「五経」とは、『易経』『書経』『詩経』『礼記』『春秋』のことである。

朱子がもっとも重視したのが、『大学』と『中庸』だ。この2篇は朱子が『礼記』から独立させたもので、『論語』と『孟子』とあわせて「四書」とし、「五経」の前に読むべきものとした。朱子の死後、「四書五経」は元の時代から「科挙」の正式科目に採用され、清朝末期に廃止されるまでつづくことになる。朱子学が儒学の解釈のスタンダードとなったのである。

『論語』は、孔子とその弟子たちの問答録であり、『孟子』は孔子の死後、約2世紀たってから、その教えを発展させた孟子による思想書である。性善説をとなえた孟子は、朱子によって高く評価されることになった。

『中庸』は、文字通り「中庸」の徳を説いている。極端にぶれない、調和のとれたバランス感覚を説いたものだ。古代ギリシアのアリストテレス倫理学にもつうじるものがあり、トマス・アクィナスはアリストテレスの議論を受けて、中庸の徳についてキリスト教神学の枠内で論じている。フランクリンも「13徳」のなかで中庸を強調している。朱子学は、意外なことに、18世紀西欧の啓蒙思想にも多大な影響を与えている。『大学』については後述する。

「聖人学んで至るべし」というフレーズがある。儒学でいう「聖人」とは、堯舜などの古代中国の王や、孔子や孟子などの立派な人格者のことだが、その聖人は生まれつきのものではなく、学ぶことによって限りなく聖人に近づくことができる、いや学んで目指すべきだ、ということを意味している。これもまた、性善説にもとづく発想である。

朱子学でいう「修己治人」とは、己を修めて人を治める、つまり修養によって徳を積み、そのうえでリーダーとして先頭に立って率いていくことを目指した教えだ。その意味では、朱子学は「自己啓発」の哲学であり、一斎自身も強調しているように、学ぶ者の主体性と自発性を重視している。

激動の時代を生きるための「実践哲学」

リーダーとして必要なことは、なによりも克己、すなわちセルフコントロールである。これが佐藤一斎の思想のエッセンスである。

何があっても動揺しない、揺るぎない自分をつくることが必要なのだ。そのためには、感情と欲望はコントロールしなくてはならない。心でからだをコントロールするのである。セルフコントロールによって、逆説的に内面の自由を獲得するのである。これは『自省録』に表現されたストア派哲学にも共通している。

朱子学が強調した「四書」のなかでも、とくに重要な位置づけにある『大学』には、「修身・斉家・治国・平天下」というフレーズがある。まずはセルフコントロールによって自分自身を修め、そこを出発点として家を斉のえ、同心円的に拡大させながら国を治め、天下を安定させるという意味である。

出発点はセルフコントロールであり、すべての基本はセルフコントロールにある。自分自身の心身をコントロールできない者が、その家も、国も、ましてや天下など治めることなどできるはずがないではないか！

だが、自分の力ですべてコントロール可能だと思ったら、それは思い上がりとしかいいようがない。なぜなら、運命はコントロールできないからだ。

思い上がりの実例をあげておこう。米国を代表する大企業で、かつては米国のビジネススクールで教科書の扱いを受けていたGE（ゼネラル・エレクトリック）に、ジャック・ウェルチという経営者がいた。GE中興の祖とされた彼には、"Control your destiny, or someone else will."（自分の運命をコントロールせよ、さもないと誰かが君の運命を左右することになるだろう）というフレーズがある。

いかにも成功した米国人ビジネスパーソンらしい発言だが、その後のGEの凋落ぶりをリタイア後の本人はどう捉えていたのだろうか。かつては20世紀を代表する経営者の一人とされたウェルチだが、2020年代の現在では、経営者としての評価は大きく下降している。人間の知力を絶対視する、近代西洋文明の限界がそこに表れているというべきではないだろうか。

逆境も順境も、運命は人間の意思とは関係なく存在し、人間ができるのはただ運命を受け止め、主体的に対応することのみだ。人間は運命をコントロールすることはできない。順境に溺れるのも、逆境で鍛えられるのも、自分の心次第なのである。

この哲学は、儒学の経典である『易経』にもとづくものだ。『易経』は、「変化の法則」を説いた儒学の宇宙論であり哲学である。世の中のすべてを「陰陽」の二元論で考え、陰と陽の組み合わせによる六十四卦で、天体の運行と循環という変化のパターンという「宇宙の法則」と、それによって影響される人間の「変化の法則」を説いている。

『易経』は、気学や四柱推命をつうじて、現代に生きる日本人に影響をもちつづけているだけでなく、"I-Ching"(いーちん)とよばれて、西洋世界でも高い関心を集めている。そして、なによりも一斎は『易経』を重視していた。

さらに一斎が実践していたのが、「静坐(せいざ)」という儒学の瞑想法である。姿勢をただして呼吸をととのえ、静かに黙想する点は禅仏教の座禅とおなじだ。だが、座禅とは違うのは、無心の境地を目指すのではなく、瞑想しながらも特定の1つのテーマに精神を全集中し、思考を働かせつづけることにある。

静坐における内省のテーマは、現実世界で解決すべき諸問題から、心とはなにかという抽象的な問いまで、じつにさまざまなものであった。この点において、静坐はマインドフルネスといっていい。座禅のように道場に通うことなく、自宅でも実践できる瞑想法である。『自省録』のマルクス・アウレリウスとおなじように、一斎もまた毎晩寝る前には瞑想を行っていたのである。

この静坐によるマインドフルネス瞑想の成果が、『言志録』としてまとめられることになった。「言志録」とは、志をのべた記録という意味だ。志とは個人レベルのパーパスのことである。内容はきわめて多岐にわたっており、漢文体特有のリズミカルで引き締まった文章で構成されている。

42歳から40年間書きつづけた『言志録』シリーズ

『言志録』は、もともと出版を前提に書き始めたものではなかった。まさか本人も、合計4冊も書きつづけることになろうとは、考えもしなかったことだろう。

総称して『言志四録』とよばれるようになったシリーズの4冊のそれぞれについて、執筆に着手した時期と出版された時期、そのときどきの一斎の年齢について見ておこう。当然のことながら、どの年齢のときに書かれたものであるかは、内容にも反映されていると考えるべきだからだ。

とはいえ、おなじような内容の文章が、年齢に関係なく一貫して繰り返し登場することもあり、逆にその内容が年齢とともに深まっているケースもある。かならずしも体系的ではなく、随想的な構成になっている。

『言志録』は、1813年に一斎が数え42歳、つまり厄年に書き始めたものである。具体的にどのような心理的状態にあったかまではわからないが、この時期から本格的に「静坐」の実践を始めたようだ。静坐は生涯にわたってつづけている。

この瞑想記録ノートは11年間にわたって書き継がれ、完成したのは1824年の53歳のときである。学問上の弟子であった福知山藩主からつよくすすめられ、出版されることになった。気力も体力も知力も、すべてが充実していた壮年時代の作品である。この間には、専門である儒学の経典の注釈書が何冊も執筆されている。

『言志録』は、長い時間をかけて熟成されており、シリーズ化された4冊のなかでは、もっとも密度の高い本となっている。全部で246条ある。

『言志「後」録』は、『言志録』の2作目にあたる。『言志録』完成の4年後の57歳のときから66歳までの約10年間の思索の記録である。全部で255条ある。

完成した1837年には大坂で「大塩平八郎の乱」が起こっている。乱の前には陽明学者の大塩が接近してきたものの、一斎は距離を置いた慎重な対応を行っている。この時代の一斎は林家の塾頭であり、さらには出身藩であった岩村藩からは家老扱いとなったこともあり、社会的地位にともなう処世術が必要だったのである。

この時期の弟子には佐久間象山がいる。一斎は『言志後録』の原稿をプライドの高い象山に読ませてコメントをさせ、そのうえで出版に踏み切っている。象山については後述するが、もっとも厳しい批判者を期待していたようだ。

あまり知られていないが、この頃まで一斎は熱心な機械時計マニアであった。英国製の懐中時計やクロノメーターまで所有しており、時間にはたいへんうるさかったらしい。機械時計のメカニズムにかんする文章も公表している。

『言志「晩」録』は、『言志録』シリーズの3作目にあたる。『言志後録』完成の翌年の67歳から78歳までの約10年間の思索の記録である。全部で２９２条ある。この第3作以降は、みずからを「一斎老人」と名乗っている。

この間には70歳で幕府の儒官に任命され、湯島聖堂に隣接する昌平坂学問所の敷地内の官舎に移っている。国家公務員となったのである。

将軍に『易経』の講義を行っているほか、江戸に滞在中の諸大名への出講も多かった時期で、内容的には時事的なテーマにかんするものも多々ある。「別存」という形で、生涯の恩人でメンターともいうべき林述斎にまつわる回想録が付記されている。

出版されたのは１８５０年の79歳のときで、第2作の『言志後録』とおなじ年である。再録された文章と表現にかんしては、関係各位に対する各種の配慮がなされていることは言うまでもない。

『言志（げんし）「耋（てつ）」録（ろく）』は、『言志録』シリーズの4作目である。「耋（てつ）」とは老いるという意味だ。『言志晩録』完成の2年後の80歳のときから82歳まで2年間の思索の記録。

その翌年に出版されている。全部で340条ある。

これが最後だと覚悟していたのだろう、老いた自分への自戒のことばとともに、人生の先輩として若い人たちを励ます教訓的な文章が多い。結果として『言志録』シリーズの最後となった。この時期の弟子には、神童とよばれ、『自助論』の日本語訳である『西国立志編』で有名になった啓蒙思想家の中村敬宇（正直）がいる。一斎は彼のことを模範生として賞賛していた。

完成した82歳以降は公式の記録には登場していない。さすがに頭脳明晰の一斎も認知症が進行していたためらしいが、体調を崩して88歳で亡くなるまで幕府の儒官のポジションにとどまりつづけた。文字通り生涯現役だったわけだ。

ちなみに江戸時代後期においては、成人した人の死亡年齢は平均60歳であった。長寿の家系に生まれたとはいえ、一斎の88歳はかなり長い。「人生百年時代」の大先達として、モデルのひとりと考えるべきであろう。

直接教えを受けた弟子たちと『言志四録』を愛読してきた人たち

佐藤一斎の弟子は、総計3000人を超えるとされている。そのなかでも傑出した存在であったのは、「佐門の二傑」とよばれた佐久間象山と山田方谷(やまだほうこく)であろう。「佐門」とは、佐藤一斎の門人という意味だ。このふたりは同時期の門人であった。

松代藩士であった佐久間象山は、現在では洋学者として知られているが、みずからは朱子学者であると任じていた。象山の弟子には、吉田松陰や勝海舟がいる。師である一斎の陽明学への傾斜を嫌っていた象山だが、こと『易経』にかんしては一斎しか理解者がいないと嘆いていたようだ。そんな象山だが、最期は京都でテロリストの凶刃に倒れている。凶とでた易占の結果を黙殺して上洛したらしい。

山田方谷は、知る人ぞ知るという存在である。象山とは真逆で陽明学に大きく傾斜していた方谷は、農民出身であったが備中松山藩の家老に取り立てられ財政再建を実現している。長岡藩の家老で、「戊辰戦争」で戦死した河井継之助も方谷に私淑していた。方谷の弟子の三島中洲は、明治時代になってから「義利合一説」を唱え、実業家の渋沢栄一と意気投合している。「論語と算盤」をモットーにした、渋沢の「道徳経済合一説」の起源はそこにある。

画家の渡辺崋山も弟子であった。50歳当時の一斎を描いた肖像画は重要文化財に指定されている。一斎のもとで朱子学を学んだのち田原藩家老となっていたが、高野長英など洋学者たちと交流をもっていた。「蛮社の獄」で有罪とされた崋山を積極的に救援しようとしなかった一斎は、世間から大きな非難を浴びている。だが、立場上表だって動けない事情があったようだ。

直接教えを受けたわけでないが、本をつうじて大きな影響を受けた人物に西郷隆盛がいる。藩主の不興を買って奄美大島に流刑となった若き日の西郷は、どこで入手したのかわからないが、『言志録』シリーズの4冊を持参している。3年におよんだ流刑生活のなか、西郷は徹底的に読み込んでいたようだ。

その西郷は抜き書きを行っており、『手抄(しゅしょう)言志録』という形で現在に伝わっている。『言志録』４冊から抜き書きした文章は全部で１０１条。そのうち約４分の１を再録し、本文に注記しておいた。なお西郷は、陽明学者・大塩中斎（＝大塩平八郎）の『洗心洞箚記（せんしんどうさっき）』も愛読していた。

幕府の儒官であった一斎は、当然のことながら倒幕思想などもっていたはずがなく、偏狭な攘夷思想の持ち主でもなかった。もちろん、西郷もまた最初から倒幕を考えていたわけではない。にもかかわらず、著者の意図には関係なく、幕末の志士たちにも大きな影響を与えるに至ったのは、当時ベストセラーとなっていた頼山陽の『日本外史』とよく似ている。文章家としての一斎は、「東の一斎、西の山陽」と称されていた。頼山陽は、広島出身の儒者で漢詩人。京都を本拠にしていた。

『言志四録』は、明治時代以降もリーダーのための修養書として読み継がれ、戦前は教科書にも引用されていたようだ。敗戦後に首相をつとめた吉田茂も愛読者であったが、本格的な復活が始まったのは、電子工学者の川上正光氏による現代語訳が、講談社学術文庫から出版された１９７８年以降のことである。

その後は、ふたたび各界の「変革リーダー」たちの愛読書となっている。政治家としては、「郵政改革」を断行した小泉純一郎元首相をあげるべきだろう。衆議院の質疑応答で、『言志晩録』から、「少くして学べば壮にして為すあり、壮にして学べば老いて衰えず、老いて学べば死して朽ちず」（＊本文の１２４に収録）という有名なフレーズを引用したことで、佐藤一斎の知名度が一気にあがることになった。２００１年5月のことだ。

　実業家や企業関係者にも愛読者は少なからずいるようだが、その一人として、日立製作所グループを「V字回復」によって社会イノベーション企業として再建させた川村隆氏のことをあげておこう。

　日本を代表する総合電機メーカーとして、日本のGEともいうべき存在であった日立製作所が、創業以来の巨大赤字になった２００９年、69歳で社長に就任した川村氏は『言志晩録』の一節を導きにして、企業再建をリードしたのだという。「一燈を提げて暗夜を行く。暗夜を憂うること勿れ。只だ一燈を頼め」（＊本文の０１５に収録）である。川村氏はリタイア後の著書『一俗六仙』（東洋経済新報社、２０２１）で、マルクス・アウレリウスの『自省録』も愛読書だと述べている。

『言志録』は、ある程度の人生経験を積んでから読むと、大いに納得するものがある。だが、編集工学を提唱する松岡正剛氏は、ネットに連載している『千夜千冊』で『言志四録』をとりあげてこう書いている。「崋山、象山、西郷らは、『言志四録』を読んで発奮したのは20代後半から30代前半にかけてのことだったのだ」。

たしかにその通りなのだ。だからこそ、できれば若い人たちにこそ読んでもらいたいと思う。というのは、佐藤一斎のメッセージは、倫理的な高みを目指せ、ということだからだ。この点にかんしては、英語で「倫理的」を意味する「エシカル」として倫理を受け止め、「エシカル消費」などを実践する若い世代のほうが、共感できることが多いのではないかと思う。

基本的に当時の支配階層で、全人口の1割にも満たなかった武士層を対象に語っているが、一斎は一貫して「人」という表現をつかっており、そのなかに武士以外の人びとも、さらには女性も含まれると考えていい。実際、１８３０年代の江戸には、九州は秋月藩出身の原采蘋(はらさいひん)という著名な女性の漢詩人で儒者がいて、一斎も面識をもっている。女性儒者には、このほか篠田雲鳳(しのだうんぽう)などもいた。幼くして亡くなっていなかったら、聡明だった愛娘も儒者になっていた可能性もある。

さらに、「世界の人は同胞」であると言い切っていることにも注目したい。幕末に生きた人だが、偏狭な攘夷主義者ではなく、幕府天文方とも深い交流をもっていた一斎は、宇宙的視野のもと地球全体と全人類を意識していたのだ。

また、みずからの言動に慎重になることを説く一斎のことばは、ＳＮＳ時代にこそ大きな意味をもつといっていいだろう。このほか、努力だけでは不十分なことや、意見の多様性を重んじる姿勢など、一斎のことばに学ぶべきことはひじょうに多い。

編訳方針について

『言志録』シリーズ4作に収録された文章は、大小あわせて全部で１１３３条ある。長短さまざまな文章のなかから、現代に生きる人にとって意味をもつと思われるものを厳選に厳選して現代語訳し、１４７項目にまとめた。意味がよく伝わるように、原文にはない表現を補い、逆に削除している箇所もある。

本文の末尾にある（3-20）という表記は、シリーズ第3作『言志晩録』の20番目の文章を意味している。（1）は『言志録』、（2）は『言志後録』、（3）は『言志晩録』、（4）は『言志耋録』をさしている。テーマ別に編集して、「小見出し」として要約をつけてあるが、あくまでもヒント程度に考えていただければ幸いだ。

『言志録』の原文は漢文である。対句を多用した練りに練った文章で、読み下し文で読むとたいへん格調あるものだ。だが、現代語訳でそれを再現するのはむずかしい。漢字や漢文、儒学といった、現在では古くさいと見なされがちなベールをはぎ取ったあとに現れてくる、エッセンスそのものに注目してほしい。

引用されている儒学の経典は、そのまま漢文読み下し文で示すか、あるいは文脈に応じて現代語訳にしておいた。削除したケースもある。儒学を極め、とくに『易経』を専門的に研究していた一斎のことばを読むことで、心の本体についての考察や、宇宙の法則である「易の理」の一端を知ることもできるだろう。

まずは、自分に関心のあるところから読み始めるといいだろう。気が向いたら、それ以外も読んでみる。なかには、ややむずかしい内容があるかもしれないが、その場合は、あとから読み直してみるといい。読み方は、あくまでも読者であるみなさん次第である。ぜひ人生の糧として、ご愛読いただきますよう。

佐藤けんいち　２０２３年７月14日

付記

佐藤という名字をもつ者は多いのに、なぜ佐藤一斎を取り上げた佐藤姓の人物がいないのか？　それはわたしにとって長年の疑問と不満であった。わたし自身は、佐藤一斎とはまったく血縁関係はない。同郷でもない。だが、同姓の人間として、また武士の末裔として、今回ようやく本格的に取り組むことができたことを、たいへんうれしく思っている。関係各位には、この場を借りて感謝申し上げます。

言志四録　心を磨く言葉　**目次**

II 視野を広げる

III 運命を引き受けて人生を楽しむ

IV 心の持ち方で人生は変わる

V 欲望に振り回されるな

Ⅵ 人付き合いの秘訣

VII 仕事をどう進めるか

VIII リーダーの心得

IX 生きることは学ぶことだ

X　真の自己を観る

I 志を高く持つ

001

みずからを奮い立たせる

発憤（はっぷん）すること、つまりなにか事に臨んで、自分の気持ちを奮い立たせること。これこそが、自分の学問を進歩させるのである。

「聖人とされている舜（しゅん）*がいったい何者だというのだ？　この自分はいったい何者だ？」『孟子』にこう書かれているのは、まさにこの発憤することの重要性を示しているのだ。**

(1-5)

*舜（しゅん）とは、「堯舜」とならび称される古代中国の伝説的聖人。儒学では理想の君主として重んじられてきた。

**西郷隆盛は、この文言を『手抄言志録』に抜き書きしている。

002

志を立てる

学問するにあたって、志を立てることほど重要なことはない。とはいえ、志を立てることは強制してはならない。ただただ、本人の好むところにしたがうべきなのだ。

(1-6)

003

無知を自覚する

志を立て、功を立てるには、なによりも恥を知ること、つまり自分がいかになにも知らないかを自覚すること。これがもっとも重要なのだ。*

(1-7)

*いわゆるソクラテスの「無知の知」である。古代ギリシアのデルフォイの神殿に書かれていたという「汝自身を知れ」とおなじ趣旨である。

004

自分が生かされている意味を考えよ

人はみずから内省して考察すべきである。「天はなぜこの自分を生み出し、自分をどういう目的に使おうとしているのか」と。

自分がすでに「天」のものである以上、自分にはかならず「天」に求められる役割というものがある。「天」に求められる役割を果たさなければ、自分が「天」からお咎め（とが）を受けるのは当然だというべきだろう。

考察をすすめてここまで至れば、いい加減に生きているわけにはいかなくなる。そう自覚することになるはずだ。

（1-10）

005

小さなことをおろそかにしない

真に大志を抱く者は、どんな小さなことにも気を配る。
真に遠くを見据えている者は、どんな些細なことであってもおろそかにしない。

(1-27)

006

志がなければ学んでも意味はない

きびしく学問に志を立てて、その道を求める者にとっては、燃料の薪を運んだり、水を運んだりする日常の仕事もまた、学問であるといっていい。だからこそ、書物を読んで理を極めるのが学問であるのは、当然のことなのだ。

志を立てなければ、朝から晩まで一日中読書していても、暇つぶしとしかいいようがない。学問をすることは、志を立てるより先にくるものではない。

(1-32)

007

志ある者は鋭い刀だ

志ある者は、切れ味鋭い刀のようなものだ。どんな魔物であっても、尻込みして近寄ってくることはない。志のない者は、なまくら刀のようなものだ。子どもすらバカにする。

(1-33)

＊＊＊

若いときには、老成した人のように工夫することが大事。歳をとったら、若者のように志を高く持ちつづけることが大事だ。

(1-34)

008

貧乏は心を引き締めてくれる

金持ちであるとか身分が高いとか、そういったことは春や夏のようなものだ。その気候のように本人の心をとろかして、人間をダメにしてしまいがちだ。

貧乏で身分が低いのは、たとえてみれば秋や冬のようだ。その本人の心を引き締めるものがある。だからこそ、人は金持ちになると志が薄弱になり、貧乏なときは志が堅くなるのである。

（1-41）

009

志があることは傲慢とは違う

志を人より高く掲げているからといって、傲慢と思っているわけではない。たとえ、謙遜な態度をとっているからといって、それは萎縮しているわけではない。

(3-71)

＊＊＊

世間のさまざまなことがらにかんしては、相手を立て相手に譲ることも必要だ。ただ、志だけは、師匠に対しても譲らなくてよい。昔の人物に対しても譲らなくてもよい。

(3-219)

010

人間を磨かない学問は有害だ

およそ学問を始めるにあたっては、かならず立派な大人物になるという志を立てるべきだ。そうしてから、はじめて本を読むべきである。

そうではなく、ただいたずらに貪欲に知識を求めるだけでは、傲慢になったり、ことば巧みに悪事を隠すようになってしまう恐れがある。『史記』にもあるように、「外敵に武器を貸し、盗賊に食料を与える」ことになりかねないのだ。大いに懸念しなくてはならない。＊

（4-14）

＊西郷隆盛は、この文言を『手抄言志録』に抜き書きしている。

011

ただしい道なら突き進め。ただしあわてるな

止めようとしても止めることのできない、やむにやまれない勢いで動けば、なにごとに束縛されることもない。曲げようのない、ただしい道を突き進んでゆくのであれば、けっして危いことはない。*

(1-125)

＊＊＊

切羽詰まってあわてて行うと、失敗する。忍耐してじっくり取り組むと、成功する。*

(1-130)

*西郷隆盛は、この2つの文言を『手抄言志録』に抜き書きしている。前者は、吉田松陰の「かくすれば　かくなるものと知りながら　やむにやまれぬ　大和魂」を想起させるものがある。ただし、後者の文言にあるように、佐藤一斎自身は実生活においては、慎重に過ぎるほど慎重な人であった。青春時代の大きな挫折が原因となったのであろう。

012

私欲と執着心を捨てれば怖いものはない

迷いも雑念もなければ、反応は神わざのように速くなる。

(3-5)

＊＊＊

利己的な私欲もなければ、自分の身をかえりみることもない。すなわち、この境地が正義である。ものに対する執着心がなければ、他人の存在は眼中に入ってくることもない。これを勇気という。＊

(3-98)

＊西郷隆盛は、後者のこの文言を『手抄言志録』に抜き書きしている。

013

エゴを捨てよ

「みずから省みて恥じるものがない」とき、そのときエゴは消えて、自分という意識もなくなっている。「千万人が立ちふさがろうとも、自分は突き進む」*という気概をいだいたとき、そこにはものに執着するという気持ちはいっさいなくなっている。**

(3-99)

*『孟子』の「公孫丑上篇」に、「千万人といえども吾往かん」とある。吉田松陰は、萩の獄中で孟子を論じた『講孟余話』の「巻之二」の「第十場」でこのフレーズを含む箇所を取り上げ、孟子の説いた「浩然の気」は武士にとって必要なものだと力説している。

**西郷隆盛は、この文言を『手抄言志録』に抜き書きしている。

014

「独立自信」の気概をもて

尊敬に値する人物は、「独立自信」を尊ぶ。独りで立ち、自分を信じるのである*。権力を握って勢いのある人におもねり、へつらうような気持ちを起こしてはならない。**

(1-121)

*「自信」とは自分を信じること、自分以外の何者でもなく、自分自身を信頼すること。慶應義塾大学の理念である「独立自尊」は、創立者の福澤諭吉によるものだが、福澤もまた、幕末の志士たちを奮い立たせた「独立」精神の系譜にあると考えてよいだろう。
**西郷隆盛は、この文言を『手抄言志録』に抜き書きしている。

015

自分ひとりでも前に進め

明かり一つをかかげて、ひとり暗い夜道を行く。暗闇だからといっていやがるな。ただ自分の手元にある明かり一つを頼みにせよ。*

(3-13)

*漢文読み下し文は、「一燈を提(さ)げて暗夜を行く。暗夜を憂うること勿れ。只(た)だ一燈を頼め」。一般にこの形でよく知られている。西郷隆盛は、この文言を『手抄言志録』に抜き書きしている。

016

たのみにするのは自分だけ

尊敬に値する人物は、まさに自分自身をたのみとするべきだ。たとえ驚天動地の極大事業であろうとも、つくりだすのは自分自身なのだ。*

(1-119)

*「天は自ら助くる者を助く」の精神である。米国のフランクリンに端を発し、英国のサミュエル・スマイルズが『自助論』(セルフ・ヘルプ)で高らかに掲げたモットーである。中村敬宇(正直)は、佐藤一斎の晩年の弟子であったが、明治になってから彼が日本語訳した『西国立志編』(自助論)は、累計100万部を超える大ベストセラーとなった。19世紀米国の思想家エマソンも「自己信頼」を説いている。

017

自分を見失うな

自分をなくしてしまうと、友人もなくしてしまう。友人をなくしてしまうと、すべてなくしてしまうことになる。*

（1-120）

*西郷隆盛は、この文言を『手抄言志録』に抜き書きしている。

018

志があれば悪い考えは起こらない

つまらないことを考えたり、外界のものごとに振り回されるのは、しっかりとした志を立てていないからだ。志をしっかりと立てていれば、邪悪な考えなど退散してしまう。清く澄んだ泉がわきでる場所では、濁った水も流れ込んできようもない。それとおなじである。*

(2-18)

＊＊＊

水源からわきでて、こんこんと流れる活水は、そこに浮かぶ浮き草さえ清らかに見える。わき水のない濁った泥沼では、食卓にのぼる蓴菜（じゅんさい）でさえ汚れて見える。

(4-16)

*西郷隆盛は、前者の文言を『手抄言志録』に抜き書きしている。「泉」の比喩については、『自省録』にもある。

019

重みのある人間を目指せ

石は重い。だから動かせない。木の根っこは深い。だから引き抜けない。人もまた、簡単に他人に動かされないようにつとめなくてはならない。

(3-222)

020

急がば回れ

遠くまで歩いていこうとする者は、ただしい道を通らずに近道を行こうとしがちだ。その結果、あやまって林や草むらに入り込んでしまうことが、しばしばある。笑うべき話だが、人生にはこれに類した話が多い。とくにこれを記しておく。＊

（4-266）

＊西郷隆盛は、この文言を『手抄言志録』に抜き書きしている。

II

視野を広げる

021

着眼点を高くもて

着眼点が高いほど、ものの道理が見える。だから、分かれ道でも迷うことはない。*

(1-88)

*西郷隆盛は、この文言を『手抄言志録』に抜き書きしている。

022

自然に親しむ

都会でずっと多忙な生活を送っていると、天地の大きさがわからなくなってしまう。ときには海や川で舟遊びするのもいい。ときに山に登るのもいい。ときに野原にでかけるのもいい。自然に親しむことも、心の修養のために必要だ。

(2-66)

023

大局的に見よ

大局的に見ることができれば、大人物になる。小さなことばかり見ていると、小人物になる。*

最近の学者は、ささいなことばかりにこだわって、大局を見ていない。このため、一生の仕事もそこにとどまってしまうのである。じつに嘆くべきことではないか。

ここに大人物がいるとしよう。大人物ならこう言うのではないか。「人にはそれぞれ能力があるので、その能力に応じてつかえばよい。その人にはコツコツと研究させ、その結果をわたしが採用する。そうすれば、わたしは苦労することもないし、その人も自分の能力を発揮することができる。双方にとって便利なことではないか」と。

試みにこう考えてみるべきだろう。自分が、大人物から下働きをさせる存在としか見なされていないのだとしたら、それはもう恥じ入るべきことではないだろうか、と。(3-66)

*大人物の原文は「大人(たいじん)」。『易経』では、天に昇った龍のような存在を指す。

024

無限の宇宙に想いをはせよ

月見をするとき、人はみないたずらに月を見ているだけだ。月を見るときには、ぜひ宇宙が無限であることにも想いをはせるべきではないか。

（文化12年　中秋の月下に記す）*

（1-91）

*文化12年（1815年）、一斎が44歳のときの感想。幕府天文方との深い交流のあった、天文学ファンであった一斎らしい一節。
江戸時代後期の太陽太陰暦のこの時代には、知識階層が漢詩や和歌を詠む「中秋の宴」のほか、一般民衆のあいだでは庶民信仰として、「十五夜」「十九夜」「二十三夜」など、月齢の特定の夜に集まる「月待供養」などの講がさかんにおこなわれていた。

025

視野を宇宙レベルに拡大せよ

人間もふくめた万物は、つまるところ地を離れることはできない。人も物も地の気が生み出した存在であり、地そのものである。

いま試みに、想像力を駆使して、しばらく心を天地の外にある宇宙に遊ばせてみよう。俯瞰(ふかん)して全世界を見たら、そこに見えるのは、ただ弾丸やホクロのような小さな黒い点であって、人も物も区別して見ることはできないはずだ。

では、こんなふうに考えてみたらどうだろう。「このなかに川や海があり、山がある。動物や植物がある。そして人類もいる。これらが渾然一体となって、小さくて黒い球体になっているのだ」と。

そう考えてここに至れば、人も物も地が生み出したものであることがわかるはずだ。＊

(1-197)

＊前項と同様、宇宙的スケールでものを考える一斎ならではの発想と想像力であろう。

026

全世界の人をきょうだいと思え

全世界の人は、みな同胞だ。だから、当然のことながら、きょうだいだと思って水平関係でつきあわなくてはいけない。

全世界の人は、みなお客様だ。だから、自分はお客様（ゲスト）を迎える主人（ホスト）だと思って、つきあわなくてはいけない。

きょうだいの関係は愛である。主客の関係は、敬う気持ちの敬である。*

(3-185)

*もともと儒学には、『論語』の「顔淵篇」にあるように、「四海のうち、みな兄弟」という考えがある。佐藤一斎は、「人類同胞主義」ともいうべき、朱子学のもつ普遍性をたんなる知識としてではなく、宇宙観や瞑想体験をつうじて深く体感するにいたっていたのであろう。瞑想を日課としていたガンディーも、マルクス・アウレリウスも、みなおなじ趣旨の発言をしている。フランクリンもアンドリュー・カーネギーもまた、同様の境地に達している。

027

他人を愛してこそ自分を愛せる

他人と自分は一つである。自分が、自分を知っていながら他人を知らないのは、いまだ自分を知らないのである。自分を愛しても他人を愛さないのは、いまだほんとうに自分を愛していない者なのである。

（4-176）

028

世の中に無用のものなど存在しない

世の中に存在する事物には、理由なく存在するものなどない。学問があるという人のなかには、人間社会に存在するさまざまなものごとを、無用だとして斥ける者がいる。「世の中には無用のものもなければ、無用の事もない」。驚くべきことに、そんなことさえ知らないのである。

どうして知らないのだろう。かれらが無用だと斥けるものが、じつは大いに有用なものであることを。もし、何でもかんでも無用だと見なしてしまえば、天が生み出す万物には、なんと無用のものが多いことだろうか。

人間の役に立たないような植物がある。食用にならないような動物や虫や魚がある。天はいったいなんのために、そんな動植物を生み出したのだろうか。ほとんど考えも及ばないことだ。*

(1-105)

*「雑草という草はない。人間が要不要だけでそう分類している」と、生物学者の昭和天皇も述べておられる。

029

すべてはつながっており、互いに支え合っている

この世に存在するすべてのものは、それぞれが互いに支え合う相互依存的な関係にあって、それぞれが他の代わりをすることはない。これもまた「万物一体」、すなわちすべてのものはつながっており、一体であることの理由である。*

(1-206)

*このことは、儒学では陽明学の王陽明が強調している。仏教では、これを「縁起説」とよぶ。ローマ皇帝でストア派の哲学者であったマルクス・アウレリウスもまた、おなじことを語っている。『超訳自省録』を参照。

030

やるべきことをやり抜く

自分の前には数千年、数万年の月日がすでに過ぎ去っている。自分のあとには、数千年、数万年の月日がやってくることだろう。たとえ自分が百歳まで生きたとしても、息を吸って吐く、そのただ一呼吸のあいだのことに過ぎない。
いま幸いなことに、自分はこの世に生きている。願わくは、人としてやるべきことをやり抜いて一生を終わりたい。ただそれだけだ。心からの願いは、そこにこそある。

(3-283)

031

いま生きている人間だけを相手にするな

世の中で最高の人物になりたい。そう欲することは、志として小さくはない。だが、あえてわたしはこう言おう。それでは、志としてはまだまだ小さいのだ、と。

いま世の中に生きている人間は、いくら多いとはいっても数に限りはある。だから、世の中で最高の人物になるのは、けっして実現不可能ということはないだろう。だが、すでに死んだ人たちのなかには、聖人・賢人・英雄・豪傑は数え切れないほどいる。

わたしも本日まだ死んでいなければ、やや人より抜きんでているといっていいかもしれない。だが、明日死んでしまえば、その瞬間に過去の人になってしまう。その時点で、自分が達成したことを過去の偉人たちと比べたら、比較しようもないほど劣っていることは明白だ。これはじつに恥ずべきことではないか。

だから、志のある人は、有史以来、現在に至るまでのなかで最高の人物になろうと、心に期すべきなのだ。

(1-118)

032

いま評価されなくても気にするな

いま生きている人間が自分をどう評価しようと、そんなことを懼れる必要はない。自分の死後になされる毀誉褒貶こそ、懼れるべきなのだ。

だからこそ、わが身の利害得失のことを考えても意味はない。子孫に与える影響こそ十分に考えなくてはならないのだ。

(1-89)

＊＊＊

昔の賢者たちは、生きている時代に志を得られないとき、本を書いてみずから楽しみ、後世にそれを遺した。

たしかに、かれらは生きていた時代には不幸であったといえよう。だが、後世からみたら、その人は幸福でも不幸でもないのである。昔から現在にいたるまで、このような話は少なくない。

(4-231)

033

歴史を学べ

人の一生は、幼年時代と老後をのぞいたら、たかだか40～50年にすぎない。そのかんに見聞することなど、1冊の歴史書にも及ばないだろう。だからこそ、歴代王朝について書かれた歴史書を読むべきなのだ。数千年に起こったことがらがあたまの中に入っていたら、さぞかし痛快なことであろう。着眼点は、人の心の動きと、事件の変化に置くとよい。＊

(2-48)

＊17世紀英国の政治家で哲学者であったベーコンも歴史を読むことの重要性を主張している。ベーコンの場合はもっぱらマキアヴェッリの『ディスコルシ』など古代ローマ史であり、一斎の場合は『春秋左氏伝』など古代中国史である。18世紀に生きた江戸時代中期の儒者・荻生徂徠は、「学問は歴史に極まり候」と述べている。

034

古人と対話せよ

中国の宋朝や明朝の時代に生きた人びとが残した語録がある。こうした語録を読むたびに感じるのは、なるほどと同意できるものもあれば、そうではないものもあるということだ。そうだと信じることができるように思われるものもあるが、いやそうではないというものもある。疑うべきだと思われるが、そうでないものもある。

語録をなんども反復して読んでいると、賢人たちとおなじ部屋にいて、対面して討論しているような気がしてくるほどだ。こうして古人を友にして対話することは、まことにもって有益である。*

(2-49)

*『君主論』の著者で、ルネサンス期のイタリアに生きたマキアヴェッリもまた、多忙な一日が終わると、夜は書斎に入って古代ローマ人と対話することを日課としていた。

035

「いま現在」に集中せよ

「いま現在」に集中しなければならない。いまだものごとが出現していない未来を案じても意味はない。すでに終わってしまった過去をとらえて、くよくよしていても意味はない。ほんのわずかでも、未来や過去に心がとらわれていたなら、それは孟子のいう「放心」にほかならない。心ここにあらず、そんな放心状態ではいけないのだ。＊

(3-175)

＊西郷隆盛は、この文言を『手抄言志録』に抜き書きしている。また、マルクス・アウレリウスの『自省録』の思想にも通じるものがある。

III

運命を引き受けて人生を楽しむ

036

運命は決まっているのだからあくせくするな

およそ天と地のあいだに生じることはすべて、はるか昔から現在に至るまで陰陽と昼夜、そして日月(にちげつ)が循環しているように、運命はみな前から定まっているのである。
金持ちと貧乏、生きること死ぬこと、長生きか早死にか、利益になるか害になるか、栄誉であるか屈辱であるか、あるいは人びとの離合集散にいたるまですべて、一定の運命にしたがっていないものなど、この世には存在しない。わたしたちは、ただあらかじめそれを知らないだけなのだ。それはあたかも、舞台裏の「からくり」を知らずに、観客が人形芝居を見ているようなものだ。
世の中の多くの人は、ものごとがそのようになっていることを知ることもなく、自分の知力をたのみにして、それがすべてだと思い込み、生涯にわたってあくせくと東に西にと動き回るが、ついには疲れ果てて人生が終わってしまう。これはまた、はなはだしい心の惑いと言わなくてはならない。

(文化12年5月26日　42歳で記す)

(1-1)

037

人事を尽くして天命を待て

およそなにか事をなそうとするなら、人事を尽くして天命を待つべきだ。

こんな人がいる。ふだんから投げやりで、しかも怠け者。「人間がいくら努力したって無益だろう。運命は天に任せるべきだ」という。だが、そんな人は絶対に成功しない。天がこの人から魂を抜き取っているからだ。つまるところ、これは運命である。

こんな人もいる。ふだんから慎み深く、しかも勤勉だ。「まずは人事を尽くすべき。あとは天命を待つ」という。そういう人はかならず成功する。天がこの人の心を誘導して、そうさせるのである。つまるところ、これまた運命である。

人事を尽くして成功しない人もいる。これは道理として成功するはずであっても、運勢がまだそこに至っていなかったからだ。運勢が追いついてくれれば成功する。

人事を尽くしてもいないのに、たまたま成功する人もいる。これは成功するはずもないのに、運勢がそこにあっただけのことである。こういう人は、最終的に失敗することになるだろう。要するに、これは運命なのだ。

(1-245)

038

「変化の法則」から逃れることはできない

世の中のめぐりあわせや運勢には、盛んになるときもあれば、衰えてゆくときもある。その変化には、小さなものもあり、大きなものもある。盛んになるときと、衰えてゆくときのあいだでは、禍（わざわい）と福がたがいにまじりあい、影響を与えあっている。あたかも潮の流れには小さなものも、大きなものもあるようなものだ。

天地のあいだに生じることは、たいてい運命を逃れることはできない。これが生きた「易（えき）の理法」、すなわち「変化の法則」のことなのである。＊

（2-180）

＊「易の理法」は『易経』の哲学のこと。天体の運行にしたがい、循環しながら変化していく法則である。

039

人生は旅のようなもの。ゆっくり急げ

世の中で生きていくのは、旅をするようなものだ。歩いてゆけば、険しい山もある。晴れた日だけではない、雨が降る日もある。つまるところ、避けるわけにはいかないのだ。

ただ、その場にしたがい、そのときにしたがって、ゆっくり歩いたり、急いで歩いたり、緩急をつけることが重要だ。急ぐあまりに、災いを招くようなことがあってはいけない。ぐずぐずしてチャンスを逃してもいけない。

これは旅の心得であり、また処世術でもある。

(2-70)

040

与えられた場所で人生を楽しめ

人が一生に遭遇するものとしては、険しい山があり、平坦な場所もある。また、ゆったりと流れる大河があり、濁流がさかまく急流もある。これらはみな運命の自然ななりゆきというべきであって、そこから逃れることは誰にもできないのである。わたしたちはみな変化の相のもとにあるからだ。

だからこそ、与えられた場所で心を安静にたもち、運命だと思って楽しむべきなのだ。そこから逃れようとしていては、人生を達観しているとはとてもいえない。*

(2-25)

*西郷隆盛は、この文言を『手抄言志録』に抜き書きしている。『易経』の哲学である「易理」を表現したものである。

041

忙しいときにも、苦しいときにも

忙しいときにも、心を落ち着ける。
苦しいときにも、楽しみを見いだす。
そのための工夫が必要だ。＊

（4-113）

＊西郷隆盛は、この文言を『手抄言志録』に抜き書きしている。

042

順境のなかにも逆境がある。逆境のなかにも順境がある

人の一生には、思い通りになる順境もあり、思い通りにはならない逆境もある。栄枯盛衰が運勢であることは、なんら不思議なことではない。

わたしが自分の78年間の人生を検証してみると、順境のなかにも逆境があり、逆境のなかにも順境があったことがわかる。

たとえ逆境にあっても、希望を失ってやけな気持ちで対処してはならない。たとえ順境にあるときも、なまけ心を起こさないようにしなくてはならない。順境であろうと逆境であろうと、運勢に対しては行動を慎む、そういう心がけを貫くべきである。

（3-184）

043

苦しいときこそ智恵が出る

心を苦しめ、考えに考えても思うようにならない。そんな状態でこそ、智恵が発揮される。ぬくぬくとして、だらだらと過ごしている。そんな状態では、思慮深さも埋没してしまう。口に苦いものが薬となり、甘いものが毒になるようなものだ。

（4-31）

＊＊＊

思い通りになることばかりで、思い通りにならないことが少ないと、智恵も思慮分別もはたらかなくなる。まことにもって、不幸としかいいようがない。

逆に、思い通りになることが少なくて、思い通りにならないことが多いと、そんな状態から抜け出したいと思うので、智恵も思慮もはたらくようになる。かえって、幸いだというべきだろう。

（4-33）

044

苦難は人間を成長させる

およそ人生で遭遇する苦しみや困難、変事の数々、屈辱や誹謗中傷、そのほか自分の思い通りにならないことはみな、人間としての成長と熟成を促すため、「天」が自分に課す手段であり、自分の人間性を磨きあげる砥石(といし)にならないものなどない。

だからこそ、立派な人物は、なぜこういった人生の苦難に対処しなければならないのか、その理由を熟慮しなくてはならないのである。いたずらに回避しようとしてはいけない。

(1-59)

045

絶頂期こそ気を引き締めよ

前に進んでいるときにも、退くことを忘れない。そうしていれば、けっして道につまずくことはない。『易経』の「八月に至りて凶あり」とは、このことを指している。8月は夏の盛りだが、陽気がピークに達したときには、すでに衰えが始まっているのである。

（2-59）

＊＊＊

得意の絶頂期こそ、一歩退いて慎重な姿勢をとる必要がある。いつどんなときにも、事柄がなんであっても、この心がけを忘れてはならない。それは、「亢龍（こうりゅう）悔いあり」と、『易経』に書かれているとおりだ。天に上り詰めた龍は、あとは天から下るだけなので悔いがある。絶頂期がそのままつづくことはありえないのである。

（1-44）

046

生まれたらかならず死ぬ時が来る

生は死の始まりであり、死は生の終わりである。生まれなければ、死ぬこともない。死ななければ、生まれることもない。生はもともと生であり、死もまた生である。『易経』にいう「生生（せいせい）これを易（えき）という」とは、まさにこのことを意味している。天地はめぐり、冬が終われば春がくる。陰陽は交替し、世の中はつねに変化しているのだ。

（3-285）

＊＊＊

無から無が生じるのではない。有から無が生じるのである。死は死から生じるのではない。死は生から生じるのである。

（3-288）

Ⅳ

心の持ち方で人生は変わる

047

「心」のもつすぐれた特性

「はかり」は、物理的な重さをよく量ることができる。だが、自分自身の重さを量ることはできない。「ものさし」は、物理的な長さをよく測ることができる。だが、自分自身の長さを測ることはできない。

ところが、心は外部のものごとがただしいかどうかについて、その是非をよく判断できるだけでなく、心そのもののあり方がただしいかどうか、その是非をみずから判断することができるのである。これはまさに、心というものが、この上なくすぐれたものであることを示しているといっていいだろう。

(1-11)

048

「心」はどこから来るのか？

人の心というものは、透き通って明るく、霊妙で人智を超えた働きをする。この心のなかに道理が備わっており、すべてはこの心から生じるのである。はたして心は、いったいどこからやって来たのだろうか。

自分が生まれる前は、いったいどこに置かれていたのだろうか。自分が死んだあとは、いったいどこに戻っていくのだろうか。はたして心に生き死にはあるのか。

ここまで考えていくと、畏れつつしんで敬虔な気持ちになってくる。わが心は、すなわち天なのだ、と。＊

(1-198)

＊東洋では伝統的な思想であって、一斎の独創ではない。インド哲学だとウパニシャッドの「梵我一如」であり、中国哲学では道教でも儒学でも「天人合一」となる。ミクロコスモスである自己と、マクロコスモスである宇宙を同化させるこの思想は、エマソンに代表される19世紀米国の「超絶主義者」にも共通する。ただし、一斎のこの認識は、合気道開祖・植芝盛平の「我即宇宙」と同様、神秘的な体験をつうじて確証を得たものであって、たんなる書物の知識ではない。「静坐」による瞑想体験については次項と「X 真の自己を観る」を参照。

049 「心」は光である

深夜、部屋を暗くしてひとり静かに坐っていると、動くものはすべて止まり、影も形も消えてゆく。

この状態で心を集中して瞑想していると、胸のなかに輝きながらみずから光を発するものがある。それはあたかも、一点の燈火が暗い部屋を照り破ってしまうようだ。

わかった！　これこそまさに、透きとおって明るく輝き、人智を超えたはたらきをする、わが心の本体なのだ。*『中庸』で説かれているのは、このことなのだ。**

ただこの輝く光こそ、宇宙全体に充満しているのだ。

（1-214）

*一斎は、「心中が純粋で明瞭であるならば、神光（しんこう）、すなわち精神の霊光が四方にむかって輝く」（1-161）という表現もしている。

**『中庸』第1章にある文言のこと。「天が、その命令としてわりつけて与えたものが、それぞれの本性である。その本性のあるがままに従っていくのが、人の道である」（金谷治訳、岩波文庫）。

050

太陽を仰ぎ見る

人の心が「霊光」、すなわち霊妙な光であるのは、太陽の光が霊妙であるのとおなじようなことだ。四つの悪徳、すなわち、人に勝ち、みずからの功績を誇り、人を怨み、貪欲が生じるという悪徳が自分の心に生じると、雲や霧がかかって心が塞がり、太陽の光が見えなくなってしまう。「心の霊光」もどこにいったのか、わからなくなってしまう。

だからこそ、誠意をもって、心にかかった雲や霧を払いのけて、太陽を仰ぎ見ることを修養しなくてはならないのである。およそ学問は、ここから始まるのである。＊　(4-66)

＊＊＊

「霊光」がからだに充満するとき、どんな大きなことでも、どんな小さなことでも、漏れ落ちることなく、ためらうことなく、対処することができるのである。＊　(4-67)

＊この2つの文言は、西郷隆盛が『手抄言志録』に抜き書きしている。

051 妄念を消す

人が生きていくうえでは、多かれ少なかれ人づきあいは避けられない。人間関係にともなうわずらわしさや、争いごとなどが、つぎからつぎへと生まれては消えていく。こんなことがつきることなく繰り返されるため、人と比べたり、忖度したり、人をうらやんだり、けちったり、外界のものごとに振り回されては、さまざまな妄念が生まれてくる。これらはみな、後天的に身についた習慣というべきであろう。

暗闇にうごめく魑魅魍魎や妖怪も、ひとたび太陽がのぼれば、たちまちのうちに逃げ去ってしまう。このように、「心の霊光」も、光り輝くことは太陽とおなじである。心がこの「霊光」に達したら、外界のものごとに振り回されて発生するさまざまな妄念も、たちまちのうちに消滅して、わずらわされることもなくなるであろう。

『易経』にもあるように、儒学の聖人はこれらの妄念を一掃している。邪悪な思いがないこと、これこそ「霊光」の本体である。

(2-9)

052

「気」を充満させよ

胸中がすがすがしく爽快なら、世の中でどんな困難なことが起ころうが、行き詰まることなく対処することができる。＊

(4-76)

＊＊＊

心の霊妙なはたらきである「心の霊光」を妨げるものがなければ、「気」はからだじゅうを流動して、一カ所に滞ることはない。そんなとき、からだが軽くなっているのを感じるはずだ。＊

(4-48)

＊この2つの文言は、西郷隆盛が『手抄言志録』に抜き書きしている。

053

心は眠らない

夢のなかの自分も自分である。目覚めたあとの自分も自分である。それが夢であることも、目覚めていることがわかるのも、心の霊妙なはたらきによるものだ。この霊妙なはたらきこそ、ほんとうの自分である。目覚めているときも、眠っているときも、区別することなく心ははたらいている。心はつねになにかを知覚しており、永遠に死なないのである。

(3-292)

＊＊＊

心のなかで思っていることが誠であるか、あるいはそうでないか。それは、睡眠中にみた夢を、翌朝起きてから検証してみるとわかることだ。＊

(1-153)

＊ここでいう心には、意識と無意識の両方が含まれており、とくに区別されていない。

054

心の状態は手書きの文字に表れる

心が邪悪であるかただしいか、気持ちが強いか弱いか。それは、手で書いた文字におのずから表れてしまい、覆い隠すことはできない。喜怒や哀楽、勤勉であるかどうか、落ち着いているかそうでないかなど、おなじように心の状態は書いた文字に表れてしまう。だから、一日のうちに何枚も字を書いてから顧みたら、内省の一助にはなることだろう。

（1-24）

055

苦しみも楽しみも心の持ち方次第

苦しみも楽しみも、一定しているわけではない。たとえば、わたしは80歳を過ぎた現在でも、机に向かって本を読んでいるうちに、夜中になってしまうこともある。人から見たら、苦痛に見えることとだろう。だが、自分としては楽しんでやっていることなのである。逆に、世間一般の人たちが好んで聴く音楽は、わたしは耳をふさいで聞こえないようにしている。

こう考えれば、苦しみも楽しみも一定しておらず、本人が苦しいと考えることが苦しいのであり、楽しいと考えていることが楽しいのであろう。人それぞれなのである。

(4-134)

056

逆境も順境も存在しない

思うに、世の中のことにかんしては、もともと順境も逆境もないのである。自分の心が、順境か逆境か判断しているに過ぎないのである。

他人からみたら逆境に見えることも、自分の心のなかでは順境であり、その正反対のこともある。順境も逆境も一定しているのだろうか。いや、そうではあるまい。

ものごとの道理に達した人は、一貫した基準にもとづいて、ものごとの重要性を判断するだけであり、ものごとが順であるか逆であるかなど関心はないのである。

(4-133)

057

心の持ち方ひとつで時間は長くも短くもなる

怠けて過ごした冬の一日は、飽きるほど長い。努め励んだ夏の一日は、あっという間に過ぎてしまう。一日が長く思えるのも短く思えるのも、自分の心の持ち方次第なのだ。なにかを待っている一年は、なんと長く思えるものか。なにも期待することなく過ごす一年は、あっという間に過ぎ去ってしまう。永久につづくとか、あっという間のできごとかと思うのも、すべて自分の心の持ち方次第である。

（4-139）

058

感情は水のようなもの

人間の感情は、水のようなものだ。穏やかな波や、川の流れのようでありたいものである。だが、もし沸騰したり、出口がふさがれたりしてしまうと、はけ口を求めた感情は、荒れ狂う大波のようにあふれ出すことだろう。怖れないわけにはいかないのだ。

（2-169）

059

感情を増長させるな

おなじようにからだをもっている以上、人はみなおなじように感情をもっている。聖人や賢者であっても人間である以上、またおなじように感情をもっている。だからこそ、「傲慢な心を増長させてはいけない。欲望のおもむくままにさせてはいけない」、と『礼記（らいき）』にあるとおりなのだ。

傲慢な心も欲望もまた感情の一種である以上、それを断ち切って絶滅してしまうことなど、かならずしもできることではない。ただ増長させてはいけないだけである。感情のおもむくままにさせてはいけないだけである。感情はコントロールしなくてはいけないのだ。

（1-190）

060

怒りと情欲にもっとも注意せよ

感情の表れ方には、ゆっくり現れるものと急激に現れるもののふたつがある。そのなかでもとくに、怒りと情欲がもっとも急激に発生する感情だ。

怒りは、盛んに燃えあがる火のようだ。消し去ってしまわないと、自分の身を焼き殺しかねない。情欲は、あふれ出す水のようだ。防ぎ止めないと、自分がそのなかで溺れ死んでしまいかねない。

怒りと情欲のコントロールほど緊急に必要なものはないのだ。

（4-62）

061

「忍」と「敏」を心がけよ

「怒りを消し去り、情欲を防ぎ止める」*には、「忍（にん）」の一字しかない。じっと堪えて、我慢するのだ。

「善に移って、過ちを改める」*には、「敏（びん）」の一字が重要だ。すばやく機敏に行うことが肝要だ。

（4-63）

*いずれも出典は『易経』より。

062

愛着のあるものは心と響き合う

わたしが大事につかってきた机や硯などは、おおむね50年前に手に入れたものだ。古くなってくると、ものを捨てるのはしのびがたい。

（2-238）

＊＊＊

書斎にある机や硯、書籍やそれ以外で、いつもつかっているものには、視覚や聴覚などの知覚があるわけではない。だが、人間の心を感じて反応しあうものがあるといっていい。だからこそ、大事につかって、壊してしまわないようにしなくてはならない。これもまた、慎んで徳を積むことの一つである。

（3-187）

063

貧しいか豊かかは心の持ち方次第

物が余っている状態を、富という。だが、富を欲しがる心は貧しい。

物が足りない状態を、貧しいという。だが、物が足りなくて貧しくても、満足している心は富んでいる。

つまり、富んでいるか貧しいかは、心の持ち方次第であって、物それ自体にはないのである。

(4-143)

064

多くを求めるな

かならずしも、幸福を求める必要はない。災いにあわなければ、それが幸福だ。

かならずしも、名誉を得ようと願う必要はない。辱めをうけることさえなければ、それが名誉である。

かならずしも、長寿でありますようにと祈る必要はない。若死にさえしなければ、長生きしたことになる。

かならずしも、富を求める必要はない。飢えることさえなければ、富があるとみなすべきだ。

（4-154）

065

私心を捨てよ

ものごとを処理するのに、たとえ自分のほうが道理からいってただしいとしても、そこに一点でも自分にとって都合のいい私心がはさまっていると、それが障害になって、本来通るべき道理も通らなくなる。＊

(1-183)

＊京セラの創業経営者であった稲盛和夫氏が、新規事業として第二電電（現在のＫＤＤＩ）の創業に取り組む際、またＪＡＬの再建を引き受けた際、「動機善なりや、私心なかりしか」と自問自答している。意思決定に私利私欲が入りこむと、判断を誤ってしまうからだ。

066

50歳以降は驕らないよう心せよ

人間50歳にもなると、それまで過ごしてきた年月も久しくなり、その間に鍛えられ、磨きがかけられてきたことも多く、人間的にも成熟してきているはずだ。聖人にあっては「知命」とよばれる年である。一般人であっても、政治に携わるのがふさわしい時期でもある。

ところが、この年頃になると、世慣れてくることもあって、とかく驕りたかぶる気持ちが生じやすい。その結果、晩節を汚してしまうことにもなりかねないのも、この時期の特徴だ。心して慎まなくてはならない。

(2-241)

067

老いは潮のように寄せては引く

人間40歳を越えると、年をとってきたなと感じ始め、70歳から80歳にいたると老いも極まってくる。それは、あたかも潮の流れのようなものだ。

引き潮は、一気に引いてゆくわけではない。かならず寄せては返すを繰り返しながら、ゆっくりと引いてゆくのである。ぐるぐる回りながら移動していくわけだ。満ち潮もまたおなじである。自分の人生にあてはめて考えてみるとよい。

（3-282）

068

老いたら「いまが本来の自分だ」と思え

人はみな過ぎ去ったことを忘れてしまい、まだこない来年のことを考える。すでに過ぎ去った前日のことは忘れ、これからやってくることを心配する。こんなふうに、なにごともいい加減になり、一日中あくせくしているうちに、歳をとって死んでゆくのである。まったくもって、嘆かわしいことではないか。

だからこそ、若い頃の苦労や、困難にあって苦しんだこともあったと振り返りながら、いまは安楽に暮らしているのだと感じるべきなのだ。これが、自分の本来のあり方なのだと。

（4-284）

069

老人が自戒すべきこと

老人は気ぜわしい。なにごとも速く片付けてしまうことを好む。自分を大切にして、じっくり取り組むことができない。腹のなかに溜めておくことができずに、すぐに口に出してしまう。また、みだりに人の言うことを信じてしまい、ウソかマコトか判断できない。戒めないといけないな。

（4-300）

070

心には老いも若いもない

からだには老いも若いもあるが、心には老いも若いもない。
からだのはたらきには老いも若いもあるが、道理には老いも若いもない。
だからこそ、老いも若いもないという心でもって、老いも若いもないという道理を体得すべきなのだ。*

(4-283)

*西郷隆盛はこの文言を『手抄言志録』の最後に抜き書きしている。これは一斎が82歳時点のものであることに注目。19世紀後半に生きた米国の実業家サミュエル・ウルマンが70歳代に書いた「青春」(Youth)という詩につうじるものがある。

V

欲望に振り回されるな

071

小さな欲望ほどコントロールがむずかしい

欲望には大小の二種類がある。大きな欲望、つまり食欲と性欲の関連がそのほとんどだが、この欲望が生じてくるのは自分でも自覚できる。だから、自分でコントロールするのは、じつは容易である。

ところが、小さな欲にかんしては、それが欲望であると自分では気づかないので、かえってコントロールすることがむずかしいのだ。

(3-180)

＊＊＊

地位や俸給といった、大きな利益を辞退するのは意外とやさしい。むしろ、いっけん小さな利益に心が動いてしまわないほうがむずかしい。

(1-66)

072

名誉と利益はほどほどに

名誉と利益を求めるのは、そもそも悪いことではない。ただ、それを私利私欲のため、自分のためだけに求めてはいけないのである。

名誉と利益を愛好するといっても、自分に適したほどほどのところに落ち着くのがよい。これは天の道理として当然というべきだろう。

名誉と利益を求めるのは、人に備わった自然な感情であり、その欲望には限りがない。とはいえ、大きな欲もあれば小さな欲もある。軽い欲もあれば、重い欲もある。バランスを考えてほどほどを選ぶのが、天の道理にかなったことだと言っていいだろう。

世の中には、自分にふさわしくないとして、名誉と利益が災いをもたらすのではないかと恐れる人もいる。だが、そもそも名誉や利益は人に害をもたらすのだろうか。いや、そんなことはあるはずがない。

(2-122)

073

ニセの功績を求めるな

功績と名声には、ホンモノとニセモノがある。ホンモノの功績、すなわち実質をともなった実績は、その人の努力によるものだ。だから、その功績の結果として自然に発生する名声は、ついて来るにまかせたらいい。

ただ、実績をともなわない功績はニセモノであり、そのようなものを求めてはならないというだけだ。また、ことさら自分の実績をつつみ隠して、自分とは無関係のように振る舞うのも、利己的な心のなせるわざというべきであろう。

(4-209)

074

人に恩を売るな

人に恩を売らないように。恩着せがましくすると、かえってその相手から怨みを引き寄せることになる。
みずから名誉を求めないように。中身もともなわないのに名誉を求めると、他人から誹謗中傷を招くことになる。

（3-247）

075

才能の使い方を誤るな

才能というものは、剣（つるぎ）のようなものだ。ただしく善用すれば、自分の身を守る武器となる。だが一方、悪用すれば、自分の身を滅ぼしかねない凶器となる。

（1-64）

076

どんな境遇でも人としてただしく生きよ

現在は貧しくて地位も低く、人としてなすべきことができない人がいる。そんな人が、裕福になって地位を得たときには、かならず驕り高ぶることになるであろう。

現在は裕福で地位が高くても、人としてなすべきことができない人がいる。そんな人は、災難や心配事がふりかかってきたときには、かならずあわてふためくことになるだろう。*

(4-141)

*西郷隆盛は、この文言を『手抄言志録』に抜き書きしている。

077
運命を人智で測るな

「陰徳（いんとく）」や「惜福（せきふく）」の説をとなえる人たちがいる。「陰徳」とは、人に知られず陰ながら徳を積むことだ。「惜福」とは、与えられた福を使い果たしてしまわないで惜しむという意味だ。

わたしならこう言う。「徳には陰も陽もない。徳を積むなら、おおっぴらにやればいいではないか」、と。また「陰徳」を好む者は、好ましい結果がでることを待っている。だが、もし好ましい結果がでないからといっても、「陰徳」して悪いということはないだろう。「禍福（かふく）」もまた天から来るものだ。禍（わざわい）も福も、こちらから求めるべきではないし、惜しむべきものでもない。たとえ惜しむべきだといっても、先にもらうか、あとからもらうかの違いだけであって、その量に変わりはない。

こういったことを究めようとすることは、天の運命を人智で憶測しようとする行為だ。断じて行うべきではない。

（2-75）

078

財産は天下公共のもの

財産は、天下の公共物である。そうである以上、私有することはできないと考えるべきではないだろうか。

まさに財産は、敬して重んじるべきである。乱費すべきではないが、けちけちつかうべきではない。大切に扱うべきだが、惜しみなく手放すべきである。*

（2-228）

*世界最大の大富豪であった19世紀米国のアンドリュー・カーネギーもまた、財産の9割を慈善事業につかいきっている。

VI 人付き合いの秘訣

079

第一印象はただしい

その人が賢いかそうでないかは、はじめて会ったときの第一印象で決まる。この直観が間違うことはほとんどない。＊

（1-39）

＊渋沢栄一は、『実験論語処世談』の「5　私の人物観察鑑別法」（1915年）で、この文言を引用してつぎのように語っている。
「たびたび会うようになってからする観察は、考え過ぎて却って過誤に陥り易いものである。始めて御会いした初見の時に、この方はたいていこんな方だな、と思うた感じには、いろいろの理窟や情実が混ぜぬから至極純な所のあるもので、その方がもし偽り飾って居らるれば、その偽り飾って居られる所が、初見の時にはチヤンと当方の胸の鏡に映ってアリアリと見える事になる。しかしたびたび御会いするようになると、アアで無いコウであらうなぞと、他人の噂を聞いたり理窟をつけたり、事情に囚われたりして考え過ぎることになるから、却て人物の観察を過まるものである」（＊引用文は新字新かなに直した）

080

外見ではなく心の動きを観察せよ

人物を観察する際には、いたずらに外見や振る舞いにとらわれてはいけない。かならず、その人にしゃべらせてみて、心がどう動いているかを観察するとよい。そのためには、その人の瞳を観察し、話すことばを聴くのである。そうすると、その人は、心のなかは、たいていのことは隠すことはできない。

(4-174)

＊＊＊

心のなかにあることは、かならず顔つきとことばにあらわれる。その人がただしいか、ただしくないかは、まず目をつむって、その人が話すのを聴き、そのあとに目を開いて顔つきを観て、この両者を比較対照してみる。これによって、心のなかで思っていることを察するべきである。このようにすれば、その人物が好きか嫌いかという偏見抜きで、心のなかを見抜くことができるはずだ。

(4-270)

081

似ているが大違い

感情をおさえて表情にでないようにしている人は、つつしみ深い人のように見える。
柔和でこびへつらう人は、うやうやしくしたがっているように見える。
強情で意地っ張りな人は、自信満々の人のように見える。
だからこそ、立派な人は、似て非なる者を嫌うのだ。*

(1-224)

*西郷隆盛は、この文言を『手抄言志録』に抜き書きしている。

082

似ているが大違い　その2

人望を得ようと努める人は、志の高い人に見える。
人の落ち度をこまごまと取り調べるような人は、明敏なように見える。
仕事に熟達した人は、人生の達人のように見える。
軽はずみの人は、すばしこく見える。
気の弱い人は、寛大なように見える。
こだわりが強くて融通がきかない人は、重厚に見える。
これらはみな、似て非なる人である。

(2-191)

083

似ているが大違い　その3

片意地でしつこいのは、信念が堅いように見える。
軽はずみなことは、動作がすばやいように見える。
おしゃべりは、博識であるかのように見える。
あさはかで軽々しいのは、才があって賢いように見える。
似て非なる行動を見て、自分を反省するとよい。

（4-178）

＊＊＊

真に勇気ある者は、いっけん臆病者のように見える。
真に智恵ある者は、いっけん愚か者のように見える。
真に才ある者は、いっけん鈍く見える。
真に巧みな者は、いっけん下手くそに見える。

（4-239）

084

人物の大小はこうして見分ける

好んで大きなことばかり言う人がいる。そういう人は、かならず人物は小さい。好んで強がりばかり言う人がいる。そういう人は、かならず臆病者だ。大きな話や強がりではなく、話の内容に含蓄がある人は、見識も高く器量も大きな人である。

(2-68)

＊＊＊

ものごとには大小がある。つねに大きなものごとを扱っている者は、小さなものごとを重視しない。

ものごとを部分に分けたうえで、一部分に対処できたあと喜んで、人に向かって自慢する者もいる。これは、この人の器が小さいことを示すものである。いまだかって、大きなものごとを手がけたことがないことを示すものだといってよい。

(2-190)

085

まず長所に注目せよ

昔の人だけでなく、いま生きている人であっても、人物評価を行う際には、その人物の善し悪しについて言及しないわけにいかない。とはいえ、まずはその長所をあげるべきであろう。そうすれば、おのずから短所が明らかになるわけである。

また、善いという評価7割、善くないという評価を3割にしたほうが、評価される側として人間の感情として受け入れやすいものである。

（2-249）

086

人にはやさしく、自分には厳しく

春風をもって人に接し、秋霜をもってみずから粛(つつし)む。つまり春の風のように穏やかに人に接し、みずからに対しては晩秋の霜のように厳しく行動をつつしむべきである。

(2-33)

087

かわいがられたら要注意

気に入られてかわいがられる者は、その度合いが過ぎると、他人の怨みを招くようになる。また、かわいがってくれる人とあまり親しくなりすぎると、かえって疎んぜられることになりがちだ。

(1-45)

088

世渡りの智恵

立派な人物が、生きていくための処世の道はこうあるべきだ。世の中の大勢にはしたがいながらも、それに溺れることはなく、しかも足を踏み違えてしまわないようにすること。間違っても、自分は大勢とは異なる存在だなどと思い上がり、高いポジションにしがみつくようなことをしていては、とても中道をいくとは言いがたい。

（4-123）

＊＊＊

世間を渡っていくことは、「得る」と「失う」のふたつのことばに尽きる。自分にふさわしくないようなものを、得ようとはしないこと。けっして失ってはいけないものを、失わないこと。これだけのことだ。

（4-124）

089

身をもって示せば人はついてくる

口先だけで人を説得しようとする者には、人はしたがおうとはしない。みずから率先して実際にやってみせる者には、見習ってしたがっていこうとする。道徳をもって感化しようとする者には、自然についていく。そこには努力の跡も見られないのである。

（4-125）

090

信頼を得る方法

人から信頼をうけることはむずかしい。発言そのものではなく、実際に行動にあらわれているかどうかが見られるからだ。さらにいえば、行動を信用しないで、心を信用するのである。だからこそ、人から信頼されるのはむずかしいのである。*

（1-148）

＊＊＊

なにか特別のことがあったときに信頼されるには、日頃から努力を積み重ねて信頼を得ていることが大事である。日頃から信頼を得ているからこそ、まさかのときにその効果が現れるのである。*

（1-149）

＊西郷隆盛は、この2つの文言を『手抄言志録』に抜き書きしている。

091

他人を欺く者は他人からも欺かれる

他人を欺かない者は、あえて他人もその人を欺かない。他人を欺く者は、かえって他人から欺かれる。

（3-209）

＊＊＊

自分を欺かない者は、他人も欺かない。みずからを欺かないとは、心に誠があることを意味している。欺かれることがないのは、心にスキがないからだ。たとえてみれば、毛穴から活力の気が出ているようなものだ。活力の気が充満している者は、外部から襲うことはできない。

（3-211）

092

しゃべりすぎない

人から相談事があったときには、おだやかに自分の考えを簡単に述べ、問題が生じないようにする必要がある。これは智恵というものだ。

もし、ことこまかに根掘り葉掘りほじくりまわして、自分がいかに優秀かを相手に見せつけてやろうなどとすると、かえって災いを引き寄せることになる。ほとんど智恵なしというべきだろう。

(3-250)

＊＊＊

べらべら饒舌にしゃべっていることに気づいたとき、自分の気持ちが暴走していることを自覚する。気持ちが暴走しているとは、自分のなかに気力が充実せずに漏れ出していることを意味している。そんなことで、どうして人を動かすことなどできようか。

(1-185)

093

鋭いのはいいが、とげとげしくてはいけない

昔の人はこう言う。「すぐれた才気にあふれた人は、かえってものごとに失敗することがある」、と。それに対して、わたしはこう言う。「才気が必要でないわけがない。ただし、鋭い言動であっても、とげとげしさが現れてはいけないのだ」、と。*

(3-92)

*西郷隆盛は、この文言を『手抄言志録』に抜き書きしている。

094

自分の発言に責任をもて

自分の口から発したことばは、自分の耳で聴くべきだ。自分の行いや振る舞いは、自分の目で視るべきだ。自分の耳で聴き、自分の目で視た言動に恥じるものがなければ、自分ではない他人もまた、心の底からしたがうことであろう。

(3-169)

095

自分を納得させよ

道理がとおった発言であれば、人はどんなことでも受け入れざるをえない。ところが、自分に都合のいいことを言っているなと感じとると、人は納得しないものだ。

およそ道理がとおっているのにかかわらず、人が納得してしたがわないとき、立派な人であれば、そのことに気づいて自省するものである。なぜなら、自分を納得させることができて、はじめて人を説得することができるからだ。

(1-193)

096

まずは相手を受け入れる

他人の発言は、まずはいったん受け入れてから、内容について取捨選択するべきだ。けっして最初から拒んではいけない。とはいえ、他人の発言に惑わされてもいけない。

（1-36）

＊＊＊

まずは相手をよく受け入れること。他人を責めるのは、そのあとでいい。責められた人も、そうであるなら受け入れるはずだ。
相手を受け入れることのできない者は、他人を責めることはできない。そんな態度で接しても、けっして責められた本人は受け入れることはない。

（1-37）

097

他人の過ちを諫めるなら怒ってはいけない

およそ他人を諫めて、その間違いをただすよう説得したいなら、ただひたすら自分のことばに誠意があふれている必要がある。間違っても怒りの感情がこもっていては、相手の心に入っていくことはない。

(1-70)

＊＊＊

人の過失を責める際は、全面的に責める必要はない。2～3割はセーブして、その人にやけをおこさせず、自分自身で過ちに気づかせることができれば十分だ。

(3-233)

098

自分とは異なるタイプの人と交際する

自分と同類の人がいる。そういう人とは交際するのは良いことだが、ためになることはあまり多くない。

自分とは異なるタイプの人がいる。そういう人と交際するのもまた良いことだし、しかもためになることも少なくない。「他山の石」*とは、まさにそのことを指している。

自分とは異なるタイプの人と交際して、自分を磨くことが大事なことなのだ。

(4-184)

*出典は『詩経』。「他山の石、以て玉を磨くべし」。

099

むずかしい仕事を引き受けよ

二人でいっしょにものごとに取り組む際、相手が愉快なほうの仕事を担当し、自分は苦しいほうの仕事を担当する。そうすれば、仕事そのものは苦しいが、心は愉快に感じるものだ。反対に、自分が愉快な仕事を担当し、相手の仕事が苦しいものであった場合は、自分にとって仕事は愉快でも、心には苦痛を感じるものである。

(3-243)

100

本人がそうしたいと思っているように仕向ける

人間の感情のはたらきや微妙な動きといったものは、かならずしも一定していると考えるべきではない。なにかあることにかんしては、そうするように誘導し、そうしないように禁じて止めるのが順当なやりかただ。だが逆手をとって、そうしないように誘導することも、抑え込むことでますますするように仕向ける、そんなやり方もある。

だから、人の動きをコントロールするには、馬を乗りこなすようにするといい。行きたがる方向といやがる方向を察し、その優先順位をこまかく把握し、勢いによってこれをうまく誘導し、機に応じて激励し、その本人自身がそう欲しているからだと思わせるように仕向ける。人をつかうコツを会得するとは、こういうことだ。＊

(1-181)

＊英語にも"You can lead a horse to water, but you can't make him drink."（馬を水場に連れて行っても、水を飲ませることはできない）という有名なことわざがある。

101

誉められても喜ぶな、けなされても怒るな

むやみやたらと自分のことを誉める者がいても、それは喜ぶにはおよばない。むやみやたらと自分のことをけなす者がいても、それは怒るにはおよばない。

誉められて、その通りだと当たっている者は、自分にとっては友人である。努力して、友人の評価に値するような人物になるよう、実績をあげなくてはならない。

けなされて、その通りだと当たっている者は、自分にとっては師匠である。敬って、師匠の教えにしたがって、自分を変えていかなくてはならない。

（4-214）

102

他人のことを悪く言うのは、自分で自分を悪く言うのとおなじ

こざかしい人間は、ともすれば他人を軽くみてバカにし、からかってあざ笑う。まさに人が守るべき道徳から外れた者というべきである。

だが、侮られた側の人は、それだけで済ますことはない。かならず、そのことを怨みに思って、あざ笑った人のことを悪く言うにきまっている。これは、自分で自分を悪く言っているのとおなじである。

ともにおなじ学問の道を歩んでいる若者たちよ、そういう悪い習慣に染まらないように気をつけなさいよ。

（4-203）

103

他人の言動は鏡に映った自分

自分の顔がいい顔なのか、それとも悪い顔なのか、自分ではわからない。鏡に映して、はじめてわかることだ。

他人がわたしのことを誉めたりけなしたりするのは、それは鏡に映った自分の影のようなものだ。だから、それを知ることができるのは、自分にとっては益のあることである。

ただ、現在は80歳を過ぎて、すでに老境に入っているので、誉められようが、けなされようが関心がなくなっている。だから、鏡に映った自分の影に目をとめることもない。

(4-219)

104

柔よく剛を制す

一般にいって、勇猛で強いものは、じつは相手として扱いやすい。ところが、柔軟なものこそ恐るべき相手なのだ。

飾り気がなく質素なものは永くつづくが、華やかに飾ったものは、はげ落ちやすい。

これは、人についても、物についても言えることだ。

（4-196）

＊＊＊

剛直さのなかから柔軟な姿勢を前面にだし、剛直さを柔軟な姿勢のなかに秘めておく。

これが護身のための堅固な城となる。

（3-94）

VII 仕事をどう進めるか

105

いま目の前にあることをおろそかにしない

どうも目の前にある仕事をおろそかにして、先々のことばかり心配する人が少なくないようだ。旅人が行き先のことばかりが気になって、そわそわしているようなものである。はなはだよろしくない。

いま目の前にあることを、きちんと処理すべきである。家にいて仕事をしていないときも慎み深く、仕事をする際には相手を敬い、つねに言行一致をこころがける。寝るときも死人のように爆睡せず、家に居るときはゆったりとくつろぐ。食事中でも、あわただしいときでも、とっさの瞬間においても、ただしいあり方を忘れてはならないのである。

いま目の前にあることをうまく処理して、ちょうどよい具合に仕上げたら、過去も将来も、ちょうどいい具合に落ち着くのである。

（2-107）

106

雑事で忙しくなってはいけない

現代人は、やたら忙しい、忙しいと口にする。実際にどうなのだろうか。よくよく見てみると、重要なことに取り組むのに1割から2割、どうでもいいような雑事を処理するのに8割から9割の時間をつかっている。あるいは、雑事にすぎないことを重要だと言っているように見える。どうりで忙しいわけだ。志を持つ者は、間違ってもこの過ちを繰り返さないように。

(1-31)

＊＊＊

やらなければならないことは、つぎからつぎへやってくる。まるで落ち葉のようなものだ。掃いても、掃いても、また落ちてくる。まったくもって切りがない。だからこそ、緊急で重要な用事から、さっさと片付けてしまい、ぐずぐずしていてはいけない。そうであってこそ、気持ちがゆったりとして、心に余裕があるとなるわけだ。

(3-265)

107

つねに見られているという意識で取り組め

ひとりでなにかに取り組んでいるときも、広い空間で多くの人に見られているなかで行っている、そんな気持ちで意識して取り組むべきだ。

それとは逆に、人に応対しているときは、ひとり静かにいるときのように、自然に振る舞うべきだ。＊

（3-172）

＊西郷隆盛は、この文言を『手抄言志録』に抜き書きしている。

108

決断は軽率過ぎず慎重過ぎず

ものごとに対処する際には、決断が必要なことがある。だが決断は、軽はずみにすると失敗の原因となる。ものごとに取り組む際には、慎重であることが必要だ。だが、慎重なあまり、こだわり過ぎてしまうと、失敗につながってしまうことがある。自省しないといけない。

（4-112）

109

最終的な目的をよく見定めてから動け

およそ世の中のものごとを処理するには、最終的にどのようなものになるか、その目的を見定めてから、はじめて手をつけるべきだ。舵のないまま舟を漕ぎだしてはならない。的（まと）を定めることなく、矢を放ってはいけない。＊

（4-114）

＊西郷隆盛は、この文言を『手抄言志録』に抜き書きしている。

110

解決策は一晩寝かせて考える

大変な困難に遭遇したときは、あせってすぐに決断すべきではない。しばらくそのままにしておいたほうがいい。一晩寝かせておくのである。

眠りに入る前に枕元で問題の半分を考え、その件について考えながら眠りにつき、翌朝目覚めてスッキリした状態で、つづけて問題を考える。そうすれば、おぼろげながらも一筋の道が見えてくる。つまり、解決の筋道が自然と集まってくるのだ。そのあと、じっくりと処理していけば、たいていの場合、間違うことはない。

(2-45)

III

仕事は慣れてからが危ない

まだ仕事に熟達していないときは、急な坂をよじ登っているようなものだ。一歩一歩がつらく困難であるが、ものごとを慎重に進めるので、かえってつまづくことはない。ところが、いったん手慣れてくると、坂道を下るのとおなじようなものだ。一歩一歩そのものはいっけん容易に思えるが、ややもすればつまづいたり転倒したりして、失敗しかねないのである。＊

(3-152)

＊『徒然草』（１０９段）の「高名の木登りといひし男」の話を想起させるものがある。江戸時代には大量の注釈書がでるなど、『徒然草』はベストセラーとなっていた。教訓書として一般に読まれており、随筆ブームを引き起こしている。

112

始めるのは簡単だが、うまく終わらせるのはむずかしい

およそどんなことでも、始めるのは簡単だが、終わらせるのがむずかしい。どんな術でも、どんな芸でも、みなおなじだ。

（3-255）

＊＊＊

そもそも、終わらせるのはむずかしい。だが、開始する時点で慎重にならなくてはいけない。そうでないと、うまく完結させることができないからだ。

（3-256）

VIII

リーダーの心得

113

トップリーダーは方針を示せ

トップリーダーの仕事は、大きな方針を示すことにある。日常のこまごまとしたことは、従来のやり方にしたがっても、とくに問題はない。

言いにくいことを言い、対処しにくいことを対処することは、年間をつうじてもせいぜい数回に過ぎない。部下の仕事に介入して、やたら問題を起こすべきではない。＊

(1-51)

＊佐藤一斎の『重職心得箇条』(1826年)には、世襲の主君を支えるべき「重職」(＝組織の重要な職を担う人)に向けての心得が「17箇条」にわたってまとめられている。

114 問題は上から生じる

ことわざには、「禍(わざわい)は下から起こる」とある。これに対して、わたしはこう言う。「これこそ国を滅ぼす妄言だ。人の上に立つリーダーに、こんなことを信じさせてはいけない」と。

およそ禍は、みな上から起こるのである。たとえ下から起こってくるとしても、そもそもの原因は上にあるのだ。

古代中国の王朝・殷(いん)の湯王(とうおう)は、民に告げてこう言ったという。「おまえたち、国のあちこちで罪があるのは、すべてみなわしの責任である」と。*

人の上に立つリーダーは、このことばを鑑(かがみ)として、みずからを戒めなくてはならない。

(1-102)

*出典は、『論語』の「堯曰篇第二十(ぎょうえつ)」。湯王は実在の人物で、殷王朝の初代の王。夏の禹(かう)、周の文王、武王とならんで、「聖王」として儒学では崇拝の対象となってきた。

115

リーダーは上からも下からも信頼されよ

自分より上の人だけでなく、自分より下にいる人からも信頼されていれば、この世で対処できないようなことなど、ほとんどない。*

(1-150)

*西郷隆盛は、この文言を『手抄言志録』に抜き書きしている。

116

リーダーの4つの心得

寛大であっても、ほしいままに振る舞うことはない。
明敏であっても、こまごまとしたことにはこだわらない。
簡潔に処理するが、おろそかに扱わない。
果敢であっても、暴力的ではない。
この4つの要件を充たす能力があってはじめて、政治にかかわるべきである。

(2-188)

117

リーダーは感情を表に出していい

「人の上に立つ人は、喜怒愛憎の感情を表にあらわすべきではない」。そのように言う人がいる。これに対して、わたしは以下のように述べることにしている。

「いや、そうではない。喜びや怒りも節度にかなっており、愛も憎しみも本当にその通りなら、しかめっ面したり笑ったりしても、そこには思いやりがある。いたずらに外面だけを飾るのは、よくないことなのだ」と。

（4-256）

118

上司は自分の個人的な好みを示すな

上司たる者は、ものごとにかんして個人的な好みがあってはならない。いったん好みを示してしまうと、部下は自分の覚えを良くするため、取り入ろうとしてかならずそれを手づるにしてからみついてくる。ただし、上司たる者がただしい道を好み、善を好むのであれば、部下がついてくるのをいやがることはない。

（4-259）

119

上司は自分のやり方にこだわるな

人にはそれぞれ好みがある。自分の好みを他人と争ってみたところで、善し悪しが判断されるわけではない。善し悪しに関係のないテーマであれば、その人の好みにまかせても、なんら問題はないだろう。自分のやり方のほうがいいのだとこだわって、やかましく言い争いをするなどということは、その人の度量が小さいことを示しているに過ぎないのである。

(3-165)

120
リーダーは勝敗を気にするな

戦争においては、初めに勝った者は、かならず将兵ともに慢心が生じる。慢心が生じると、なまけ者がでてくる。なまけ者は、最終的に滅亡する。

逆に、初めに負けた者は、かならず将兵ともに発憤する。発憤すると、励むことになる。励む者は、最終的に勝利する。

だからこそ、大将は、いっときの勝敗を論じないのである。ただ、士気があがるように励まし、忠誠心と勇気を鼓舞するだけだ。勝っても驕らず、敗れてもくじけない。この心構えがもっとも重要なのだ。


(3-119)

121

才能よりも度量

才能があっても度量がなければ、人を受け入れることができない。度量があっても才能がなければ、ものごとをなしとげることができない。才能と度量の両者を兼ね備えることができないなら、いっそのこと才能は捨てても、度量のある人物でありたい。*

(3-125)

*まさに西郷隆盛のことを言っているように聞こえるが、西郷自身はこの文章を抜き書きしてはいない。

122

才能にはそれぞれ使いどころがある

才能には、大きな才能も小さな才能もある。鋭い才能もあれば鈍い才能もある。鋭くて大きな才能の持ち主なら、言うまでもなく採用すべきであろう。ただし、日常のこまごまとしたことであれば、鈍くて小さな才能の持ち主のほうが、かえって有能なことがある。鋭い才能の持ち主は、ありきたりのことは面白くないとみなして軽蔑しがちだからだ。

このことからよくわかるのは、人の才能というものは、それぞれつかうべき場があるということだ。いまこの場でつかえないからといって、あたまからダメだと決めつけてはいけない。

(3-251)

123

才能ある人材を発掘して活かし切れ

きわめて傑出してすぐれた人物がいるなら、かならず手元においてつかうべきだ。もし自分がその人を手元におさめたなら、自分のためにはたらくことになる。大いにはたらかせることができなくても、世の人びとに対する自慢のたねとなる。

だがもし、その人物を親しくもちいることをしなかったら、自分のところから去ってしまい、他人のもとではたらくことになる。それでは、自分にとって用をなさないだけでなく、かえって害になってしまうのである。

（4-262）

IX 生きることは学ぶことだ

124

学ぶことの意義

若いときに学べば、
壮年になってから、有意義なことを成し遂げることができる。
壮年時代に学べば、
歳をとってからも、知能が衰えることはない。
老人になってから学べば、
死んでも名前が朽ち果てることはない。＊

(3-60)

＊漢文読み下し文は、「少(わか)くして学べば壮にして為すあり、壮にして学べば老いて衰えず、老いて学べば死して朽ちず」。小泉純一郎元首相が衆議院の質疑応答で引用して有名になった。

125

晩年になってから嘆くことがないように

20歳から30歳にいたるまでは、まさに日の出の太陽のようなものである。

40歳から60歳にいたるまでは、日中の太陽のようなものだ。高く立派な志を立て、偉大な事業を成しとげるのは、まさにこのときである。

70歳から80歳にかけては、衰えて弱っていき、思うようにはかどらない。まさに沈みゆく太陽のようである。

だからこそ、若い人たちよ、しかるべきときに勉強して、偉大な事業をなしとげること。晩年にいたってから嘆くようなことがないように。

（4-328）

126

若いときこそ時間を惜しめ

人は若くて元気なときには、時間を惜しんで大切にすることを知らない。たとえ知っていたとしても、時間を大切にすることまでには至らないものだ。

40歳を過ぎてから、はじめて時間を大切にしなければと思うようになる。だが、そうと気づいたときには、精力が衰え始めている。だからこそ、学問を修めるためには、十分に精力のある若いときに志を立て、勉学に励まなくてはならない。そうでなければ、たとえ100回悔やむことになっても遅すぎるのである。過ぎ去った時間は取り戻せないので、いくら悔やんでも意味はない。＊

（1-123）

＊機械時計マニアの一斎は、英国製の懐中時計をつねに腰に帯びており、時間にはたいへんうるさかったという。「時は金なり」という警句を残したフランクリンとは趣旨がやや異なるが、両者には「近代人」としての共通性がある。

127

老人は明日がないと思って学べ

からだの元気にかんしては、老人と若者で違いがあるが、意気込みにかんしては、老人も若者も違いはない。だから、老人が学ぶにあたっては、どんどん気力を奮い起こすべきで、若い人たちに譲るべきではない。

若くて元気な人は、将来が長い。たとえ、今日学ばなくても、明日になってから遅れを取り戻すことも可能だ。ところが、老人には、ほんとうの意味で明日はない。まさに、今日学ばなければ、明日があるなどと言ってはならないのだ。

たまたま感じることがあって、ここに記して自戒のことばとする。

（天保8年12月1日　66歳のときこれを記す）

（2-243）

128

自発的でなければ学べない

学問は、他人から強制されてするものではない。自分の心のなかに興味や関心が湧き上がってくるのを感じたら、はじめて学ぶべきなのだ。そんな気持ちをすなおに持ちつづけ、楽しめるようになってこそ、はじめて学問は大成するのである。（4-37）

＊＊＊

教えることで感化するというが、よい影響を与えるのは簡単なことではない。むしろ、その気にさせておいてから教えたほうが、教えは身に入りやすい。（4-277）

＊学ぶ者の主体性と自発性、そして内発的動機の重視は、朱子以来のもの。朱子学のもつ積極的側面である。

129

凡人だからこそ学ばなくてはならない

われわれ凡人は、からだの大きさも、寿命の長さも、力の強さも、いかんともしがたいものがある。だが、心にかんしてだけは、学ぶことによって、愚かな状態から智恵ある存在に変化することができるのだ。日々怠らずに学べば、非凡の人の域に近づくこともできる。

ただ、そうはいっても凡人の多くは怠け者で、それができないのである。これまた天のもくろみというべきか。

（1-199）

130

読書法の三原則

読書法にかんしては、まさに孟子の「三言」に学ぶべきだ。

まず第一に、「著者が言おうとすることを、自分の心でとらえること」。

第二に、「本に書いてあることすべてを、鵜呑みにしないこと」。

そして第三に、「著者がどんな人であるかを知り、どんな時代に書かれたものか知ること」。


(1-239)

131

学んだら実践せよ

実践をともなわない知識は、妄想に過ぎない。知識の裏付けのない実践は、分別を欠いた妄動としか言いようがない。学ぶ者は、ニセモノをホンモノと見なしてはいけない。

（4-11）

132

体験をつうじて文章の真意をつかむ訓練をせよ

学びにおいては、自分の心でなかで納得すること、これが大切なことである。誰もが、ただひたすら「文字が書かれた本」を、目で読んでいるだけだ。だから、文字にとらわれて、うわべの知識だけしか理解しないので、真意に達することができないのである。「文字が書かれていない本」を、心で読むべきなのである。つまり、書物から離れて、実社会での体験をつうじて真意をつかむのである。そうすれば、心で納得することが可能となるだろう。＊

(2-138)

＊西郷隆盛は、この文言を『手抄言志録』に抜き書きしている。

133

現場の経験こそ「生きた学問」だ

世の中で経験を積んでゆくことは、まさに「生きた書物」を読むようなものだ。だからこそ、無学な老いた農夫も、さまざまな経験をつうじてみずから体得しているものがある。『詩経』*には、「昔の人は、木こりや草刈りにも意見を聞けと説いていた」とあるとおりだ。机上の学問ばかりしている知識人たちよ、「現場の智恵」を軽蔑することはやめなさい。

(4-189)

*『詩経』は、中国最古の詩編。儒学の経典として「四書五経」のうち「五経」に含まれる。

134

人生は旅のようなもの。体験こそ「生きた学問」になる

高い山を越え、川や海を渡って遠くまで歩いていく、そんな旅をすることがあるかもしれない。旅の最中には、ときには野宿することもあれば、腹が減っても食べ物がない、寒さをしのぐ防寒着がない、そんなこともあるだろう。だが、そんな状況こそ、生きた学問となるのだ。

ただ、これといってなんということもなく、明るい室内で机に向かって本を読んでいるだけでは、実際の役には立たないのである。

（1-58）

135

先入観を持たずに聞け

独自で独特の見解は、ひとりよがりなものに聞こえるものだ。というのは、いままで聞いたことのない見解を、いきなり耳にすることになるからだ。ところが、平凡な議論は、公正で片寄りのないものと見なされやすい。世間一般の人は、聞き慣れていて安心感をもつからだ。

およそ人の話を聞く際には、先入観をもたずに耳を傾けるべきだ。聞き慣れた話ばかり聞いて安心している、くれぐれもそんなことがないように。＊

(3-55)

＊西郷隆盛は、この文言を『手抄言志録』に抜き書きしている。

136

誤りを指摘してくれたら大いに喜べ

漢詩や漢文を学ぶ生徒が、友人に見せて添削をお願いすることがある。その際、文章や語句の修正事項が多くないことだけを恐れているようだ。内容にかんして修正されることは喜ばない。なんとまあ、ものごとの重要性の順番がわかっていないことか。

孔子の弟子の子路（しろ）は、「誤りがあると告げてくれると喜んだ」と、孟子が書いている。＊子路はまさに、その死後も百世代にわたる師であるというべきだろう。

（4-185）

＊出典は、『孟子』の「公孫丑上」。子路は、孔子の十大弟子の一人。『論語』における登場回数はもっとも多く、やや軽率だが質実剛健な性格で、孔子から愛されていた。

137 他人の長所に学べ

およそ人と語り合う際には、相手が得意とする長所を語らせるべきだ。そうすれば、聞き手である自分にとっても有益である。

(1-62)

＊＊＊

他人の長所を視るべきだ。短所を視るべきではない。というのは、短所だけ視ていると、自分がその人に勝っていると思ってしまい、その結果、相手から学ぼうとしなくなってしまうからだ。つまり、自分にとっては、まったく利益がないのである。

その人の長所を視ると、その人が自分に勝っていることがわかる。つまり、その人から学ぶ必要を感じさせられるので、自分にとっては有益なのである。

(3-70)

138

疑問をもつことが学問のはじまり

若い頃のわたしには、学問において多くの疑問があった。中年にいたっても、またそうだった。疑問がひとつ生じるたびに、見解がすこし変化していく。つまり、自分の学問が、やや進歩することを自覚していたのである。

ところが、近年にいたっては、疑問がまったく生じない。学問もまた進歩していないのだ。そう自覚するようになった。

ここにきてはじめて、中国の明の時代の学者がいっていた、「疑問をもつことは、悟るための機会である」ということばが、信じられるようになった。

聖人や賢者の道は、窮まることがない。学問もまた、窮まることがない。いまはすでに年老いたといっても、自分もまた学問に励まなくてはならない。そう思っている。

(3-59)

139

教えこまずに自分自身で考えさせる

ものごとの道理を説明するのは、もともと人に了解させたいと思うからだ。だから、わたしの場合は、まずおおよそのところを説明したうえで、その人自身に考えさせ、みずから納得するように仕向けている。そうではなく、細かいところまで説明し過ぎると、その人は考えなくなってしまう。かえって、深い意味を会得することなく終わってしまうのである。

(4-166)

X 真の自己を観る

140

知識はすべてではない

幅広く見聞し、知識としてよく記憶していること。これは、聡明であることの一面に過ぎない。道理を深く究め、神髄に達すること。これは奥行きの深さを意味している。

つまり、知識が多ければそれでいいというわけではないのである。

(1-144)

知識だけではなく内省が必要だ

20歳前後の頃、わたしは懸命に読書に取り組んでいた。万巻の書を読み尽くしたいと欲していた。ところが、中年を過ぎるにおよんで、外部から入ってくる知識ばかり求めることは戒め、つとめて内省にしたがうことにしたのである。その結果、これは学びの道に背くものではないと、やや悟るところがあった。

いまはもう年老いた。若くて元気な頃に読んだ本も、半分以上はその内容を忘れてしまい、ぼんやりとした夢のなかのできごとのように思える。やや記憶にとどまっているものもあるが、あくまで断片的であって、文章としての体をなしていない。そう思うと、ますます悔いが生じてくる。半生をむだな力を費やすことにつかってしまったのではないか、と。

本はむやみやたらに読むべきではない。よい本を選んで、かつ熟読すべきだ。そして、その内容を一生にわたって反復することが大事だ。あとにつづく人たちには、わが悔いを繰り返さないよう願うばかりだ。

(2-239)

142　「静坐」のすすめ

「静坐」の効能は、気を落ち着け、精神を集中することにある。要するに、呼吸を整え、口元を閉め、頭はまっすぐにし、手の形はうやうやしく保つ*。そのうえで、精神は背中に集中させ、厳（おごそ）かに敬虔の念をもって、自分の胸中にある雑念や、外界から入ってくる雑念、そして金銭欲や、名誉や利益などの病根を心のなかにさがしだし、これをみな心の外に掃き捨てるのである。

禅仏教の座禅では、ただひたすら座って目をつぶり、かたくなに心を無にすることにこだわる。瞑想法の形としては、気を落ち着け、精神を集中することは、「静坐」と似ている。だが、座禅はいったいなんの役に立つといえるのであろうか。*

(2-136)

*儒学式瞑想法の「静坐」には、足の組み方にかんする特別の指示はないが、おそらく一斎は正座していたと思われる。「静坐」においては、内面に意識を集中させるが、座禅とは違って考えることは放棄しない。『意識と本質』（井筒俊彦）のⅣに、図示による明解な説明がある。

143

「静坐」の効用

静坐して数時間後に人に接する際、みずから筋道だった話し方をしていることに気がつく。

(4-100)

＊＊＊

ものの道理を深く考え、そのただしいあり方を会得するのは、たいてい真夜中のことである。精神が、静かに澄み渡っているからだ。

静坐をしている最中は、精神を引き締めて、腹のなかに静め治める。これは、ものごとに冷静に対処するためであって、座禅とは似て非なるものと考えなくてはならない。

(4-101)

144 「静坐」を習慣化する

毎朝、鶏が鳴くと起床し、いっときのあいだ心を澄ませて、沈黙のうちに「静坐」する。充分に休息がとれて、さわやかな気分に満ちているかどうか確認し、寝室をでて顔を洗って口をすすぐ。そのあとは、しばらく儒学の経典を読む。

夜が明けて日が昇ってから、日常業務に入る。夕方から夜の10時頃までには、公私にわたる用事を片付ける。その間に時間があれば古人の語録を読む。

夜の10時のあとには、いっときのあいだ心を澄ませて、沈黙のうちに「静坐」する。静坐のあいだに、日中に行ったことがただしかったかどうかを内省し、そのあと就寝する。

わたしは、近年この習慣を守って、規則にしようとつよく思っている。だが、簡単そうに見えながら、じつはむずかしい。なかなかうまくいかないものだ。

(2-245)

読書と静坐は同時にできる

読書と静坐をあわせて一緒にやってみよう、そう思って実際に自分で試してみることにした。

儒教の経典を読むときは、心をやすらかに落ち着かせ、姿勢をただして正座する。書物を開いて文字を目で追っていき、ひとつひとつのことがらと道理を、心に深く考え求めてみる。そうしていくと、沈黙のうちに自分の心と書かれた内容がわかりあって、ぼんやりとした状態のなか、ひとりでにストンと腹に落ちるものがある。この際、ほんとうの意味で無欲であれば、妄念が去って心が静かになっているはずだ。したがって、読書と静坐は、半日ずつ別々に行う必要はないのである。

(3-74)

内観で自分の過去を振り返る

自分が過去にやってきたことを、つぎのように振り返ってみるべきだ。「ある年に自分がやったことは、どちらがただしかったのか、どちらがうまくいったのか。ある年に自分が計画したことは、どちらが穏当であったのか、どちらが間違っていたのか」と。このように振り返って、将来の戒めとするとよい。このような振り返りをすることもなく、ただいたずらにあくせくと先のことばかり心配していては、いったいなんの役に立つというのだろうか。

また、さらにさかのぼって、幼少の頃のことを思い起こしてみるべきだろう。父と母に養い育ててもらい、お乳を飲ませてもらったこと、くりかえし抱いては愛してくれたこと、なでさすっては慈（いつく）しんでくれたこと、やっていいことと悪いことを親身になって教えさとしてくれたことなど、およそ苦労して自分を育ててくれた親の恩をなつかしく思い出せば、いまの自分がわが身を愛し、けっして軽々しく扱ってはいけないと思うに至るであろう。

(2-8)

147

内省して真の自己を観る

姿勢をただして「静坐」し、内省して心の修養をなすには、まず内省している主体がなんであるのか、それを認識しなくてはならない。

内省しているのは自分か、それとも内省されているものが自分か。もともと心は白分であり、からだもまた自分であるのに、このことばを発している者は、はたしていったい何者か。このように考えを突き詰めていくことを自省という。

そして、この自省の極限において、「心の霊光」、すなわち霊妙なる光が真の自己であることを見るのである。＊

(4-50)

＊「心の霊光」については、「Ⅳ　心の持ち方で人生は変わる」を参照。さすが40年にわたって「静坐」による瞑想をつづけてきた一斎である。17世紀フランスの哲学者デカルトの「我思う故に我あり」より、はるかに深い思考ではないだろうか。西洋的自我（エゴ）の限界がここに示されている。

佐藤一斎年譜　1772〜1859（＊年齢はすべて数え年）

前半生（出生から数え34歳まで）――出生から儒者として確立するまで

1772　美濃国岩村藩の江戸詰家老の末子として江戸に生まれる。アメリカ独立（1776年）の4年前に生まれた一斎は、88歳で亡くなるまで人生のほとんどを江戸で過ごす

1779　蛮行を反省して「天下第一の事をなす」と決意

1791　友人が溺死した水難事故の責任をとるため、みずから申し出て岩村藩の士籍から離脱、処士（＝浪人）となる。通称を捨蔵と改め、その後死ぬまで名乗りつづける

1792　幼なじみで生涯のメンターであった松平衡（のちの林述斎）のすすめで大坂に遊学。裕福な質屋で天文学者であった間重富（はざましげとみ）の家に滞在。16歳上の重富との交友関係は重富の死までつづき、その関係で伊能忠敬とも親しくなる。一斎は両者の墓碑銘を執筆

重富に紹介してもらった懐徳堂の儒者・中井竹山の下で、半年間にわたって個人教授を受ける

江戸に戻って林大学頭（だいがくのかみ）の林家の私塾に入学。儒学の研鑽を積む

1804　愛妻を亡くす。再婚した妻とのあいだにできた息子は、その後出奔。36歳で3番目の妻を迎える

1805　林家の塾頭となる。この時期から、諸大名に出講を行う人気教授として多忙

後半生（数え42歳から88歳まで）—『言志録』の執筆開始から死去まで

1813	『言志録』の執筆を開始、完成と出版は11年後の１８２４年。この頃から本格的に始めた「静坐」は生涯にわたって実践。この間に儒学の経典の解説書を多数執筆
1826	出身藩である岩村藩の家老扱いとなり、新藩主にあてて「御心得向存意」、家老あてに「重職心得箇条」を和文で執筆
1833	この頃、「佐門の二傑」とよばれた山田方谷と佐久間象山が前後して入門。この頃から、陽明学者であった大塩中斎（平八郎）との書簡の往復がはじまり翌々年までつづく
1837	「大塩平八郎の乱」。『言志後録』が完成
1839	一斎の肖像を描いた画家で、弟子の渡辺崋山が「蛮社の獄」に連座して有罪となるが、積極的に救済活動を行わなかったため非難を受ける。崋山は翌々年に自刃
1840	「アヘン戦争」で清朝の中国が英国に敗れる
1841	林述斎が死去。述斎の遺言によって70歳で幕府の儒官となり、昌平坂学問所の敷地内の官舎に移る
1842	12代将軍徳川家慶の御前で「易」を講じる。77歳のとき中村敬宇（正直）が入門
1845	オランダ国王の「開国勧告」への返書作成にかかわる
1850	『言志後録』と『言志晩録』が出版
1853	ペリー艦隊第１次来航。漢文の国書の解釈を命じられる。『言志録』シリーズの第４作で最後となった『言志耋録』を出版。以後、公式の記録には登場せず
1859	『論語』を講義中に体調を崩し、体調が回復することなく昌平坂の官舎で死去（享年88）

末の激動期）

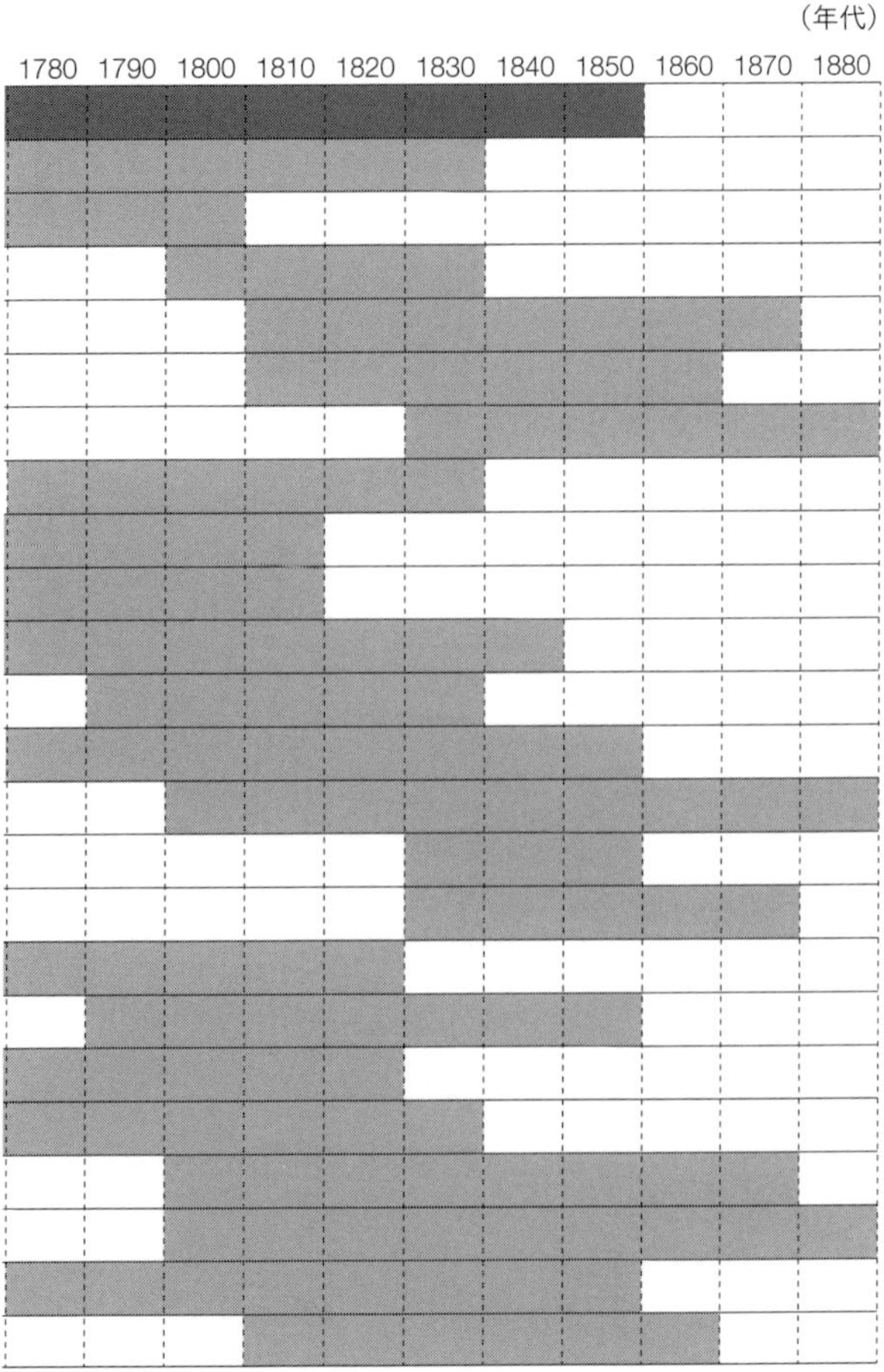

（年代）

1780 1790 1800 1810 1820 1830 1840 1850 1860 1870 1880

佐藤一斎と同時代の人物たち（江戸時代後期から幕

		1750	1760	1770
佐藤一斎とその師匠	佐藤一斎（1772～1859）			
	林述斎（1768～1841）：幕府の儒官。林家中興の祖			
	中井竹山（1730～1804）：朱子学者。懐徳堂の学主			
佐藤一斎の著名な弟子	渡辺崋山（1793～1841）：一斎の肖像画。「蛮社の獄」に連座			
	山田方谷（1805～1877）：陽明学者。備中松山藩家老			
	佐久間象山（1811～1864）：朱子学者で洋学者			
	中村敬宇（1832～1891）：啓蒙思想家。『西国立志編』			
交友関係	頼山陽（1780～1832）：漢詩人。『日本外史』			
	間重富（1756～1816）：天文学者。大坂の裕福な質屋			
	伊能忠敬（1745～1818）：商人・天文学者・測量家。「日本全図」			
思想家・宗教家・革命家	平田篤胤（1776～1843）：国学者。幕末期に多大な影響			
	大塩中斎（1793～1837）：陽明学者。大坂町奉行組与力			
	二宮尊徳（1787～1856）：農政家。報徳思想			
	中山みき（1798～1887）：天理教の教祖。人類平等を説く			
	吉田松陰（1830～1859）：思想家・教育者。象山の弟子			
	西郷隆盛（1828～1877）：革命家。『言志四録』愛読者			
日本の政治家	松平定信（1759～1829）：老中として「寛政の改革」			
	水野忠邦（1794～1851）：老中として「天保の改革」			
欧米人	ナポレオン（1769～1821）：幕末日本では「奈翁」として礼賛			
	ヘーゲル（1770～1831）：ドイツの哲学者			
	J.S. ミル（1806～1873）：英国の思想家			
	エマソン（1803～1882）：米国の思想家			
中国人	林則徐（1785～1850）：科挙に合格。「アヘン戦争」を招く			
	洪秀全（1814～1864）：科挙に失敗。「太平天国の乱」を主導			

参考文献

＊直接参照したものに限定。儒学の経典と文中で言及した文献は基本的に省略

佐藤一斎の主要著作

●『言志四録』（＝「言志録」「言志後録」「言志晩録」「言志耋録」）その他

『佐藤一斎全集　第11・12巻　言志四録（上・下）』（岡田武彦＝監修、明徳出版社、1991、1993）

『日本思想大系46　佐藤一斎・大塩中斎』（相良亨／溝口雄三／福永光司、岩波書店、1980）

『佐藤一斎　言志四録』（山田準／五弓安二郎訳註、岩波文庫、1935）

『言志四録　全4冊』（佐藤一斎、川上正光＝全訳注、講談社学術文庫、1978～1981）

『言志四録のことば（MY古典）』（田中佩刀、斯文会、2009）

『佐藤一斎「重職心得箇条」を読む』（安岡正篤、致知出版社、1995）

関連書籍

●佐藤一斎の生涯とその思想、同時代の儒者

『佐藤一斎　安積艮斎（叢書・日本の思想家31）』（中村安宏／村山吉廣、明徳出版社、2010）

『佐藤一斎　克己の思想（再発見 日本の哲学）』（栗原剛、講談社、2007）

『佐藤一斎（シリーズ陽明学24）』（山崎道夫、明徳出版社、1989）

『佐藤一斎と其門人』（高瀬代次郎、南陽堂本店、1922）　＊Googleブックスで全文閲覧可能

●佐藤一斎の同時代人、弟子たち、著書に影響を受けた人たち

『頼山陽とその時代　上・下』（中村真一郎、ちくま学芸文庫、2017　初版1971）

『大塩中斎（日本の名著㉗）』（宮城公子＝責任編集、中央公論社、1978）
『佐久間象山　上下』（松本健一、中公文庫、2015）
『佐久間象山（歴史人物シリーズ　幕末・維新の群像［第八巻］）』（源了圓、PHP研究所、1990）
『炎の陽明学　山田方谷伝』（矢吹邦彦、明徳出版社、1996）
『中村敬宇（人物叢書）』（高橋昌郎、吉川弘文館、1988）
『幕末維新英傑伝』（菅野覚明、ミネルヴァ書房、2021）
『西郷南洲遺訓　附　手抄言志録及遺文』（山田済斎編、岩波文庫、1939）

●江戸時代後期の時代背景

『幕末から維新へ（シリーズ日本近世史⑤）』（藤田覚、岩波新書、2015）
『崩れゆく鎖国（集英社版日本の歴史⑭）』（賀川隆行、集英社、1992）
『「蛮社の獄」のすべて』（田中弘之、吉川弘文館、2011）

●江戸時代後期の日本儒学と漢学、懐徳堂と昌平坂学問所

『近世日本社会と宋学（増補新装版）』（渡辺浩、東京大学出版会、2010）
『名誉と順応　サムライ精神の歴史社会学』（池上英子、森本醇訳、NTT出版、2000）
『江戸の朱子学』（土田健次郎、筑摩叢書、2014）
『懐徳堂　18世紀日本の「徳」の諸相』（テツオ・ナジタ、子安宣邦訳、岩波書店、1992）
『昌平校と藩学（日本歴史新書）』（和島芳男、至文堂、1962）
『江戸の読書会　会読の思想史』（前田勉、平凡社選書、2012）
『漢文脈と近代日本　もう一つのことばの世界』（齋藤希史、NHKブックス、2007）
『江戸の学びと思想家たち』（辻本雅史、岩波新書、2021）

●中国哲学としての儒学と「新儒学」（＝朱子学と陽明学）

『中国哲学史　諸子百家から、現代の新儒家まで』（中島隆博、中公新書、2022）
『四書五経　中国思想の形成と展開』（竹内照夫、平凡社東洋文庫、1965）
『朱子学入門』（垣内景子、ミネルヴァ書房、2015）
『朱子（人類の知的遺産⑲）』（三浦國雄、講談社、1979）
『朱子学と自由の伝統』（ドバリー、山口久和訳、平凡社選書、1987）
『朱子学と陽明学』（島田虔次、岩波新書、1967）
『朱子学と陽明学』（小島毅、ちくま学芸文庫、2013）
●中国哲学としての「易」（＊次項と重なるものあり）
『易の世界』（加地伸行編、中公文庫、1994）
『易学　成立と展開』（本田済、講談社学術文庫、2021）
『易のはなし』（高田淳、岩波新書、1988）
『易學入門』（安岡正篤、明徳出版社、1960）
『「易経」一日一言　人生の大則を知る』（竹村亞希子、致知出版社、２００９）
『東洋的瞑想の心理学（ユング心理学選書⑤）』（ユング、湯浅泰雄／黒木幹夫訳、創元社、1983）
●儒学の瞑想法としての「静坐」
『静坐のすすめ』（佐保田鶴治／佐藤幸治、創元社、1967）
『静坐　実践・思想・歴史』（中嶋隆藏、研文出版、2012）
『意識と本質　精神的東洋を求めて』（井筒俊彦、岩波書店、1983）
●佐藤一斎の天文学、機械時計への知的関心
『江戸の天文学者　星空を翔る　幕府天文方、渋川春海から伊能忠敬まで』（中村士、技術評論社、2008）
『星に惹かれた男たち　江戸の天文学者 間重富と伊能忠敬』（鳴海風、日本評論社、2014）

言志四録
心を磨く言葉
エッセンシャル版

発行日　2023年11月25日　第1刷
　　　　2024年 1 月26日　第2刷

Author　佐藤一斎

Translator　佐藤けんいち

Illustrator　市村譲

Book Designer　LABORATORIES

Publication　株式会社ディスカヴァー・トゥエンティワン
〒102-0093　東京都千代田区平河町2-16-1
平河町森タワー11F
TEL　03-3237-8321（代表）　03-3237-8345（営業）
FAX　03-3237-8323
https://d21.co.jp/

Publisher　谷口奈緒美

Editor　藤田浩芳

Proofreader　文字工房燦光

DTP　株式会社RUHIA

Printing　日経印刷株式会社

ISBN978-4-7993-2999-3
GENSHI SHIROKU by Issai Sato

Discover

人と組織の可能性を拓く
ディスカヴァー・トゥエンティワンからのご案内

本書のご感想をいただいた方に
うれしい特典をお届けします！

特典内容の確認・ご応募はこちらから

https://d21.co.jp/news/event/book-voice/

最後までお読みいただき、ありがとうございます。
本書を通して、何か発見はありましたか？
ぜひ、感想をお聞かせください。

いただいた感想は、著者と編集者が拝読します。

また、ご感想をくださった方には、お得な特典をお届けします。